聖嚴法師
教

話頭禪

聖嚴法師・著

自序

讓中華禪法鼓宗的教法更完整

我在二〇〇四年已出版了《聖嚴法師教默照禪》，現在，二〇〇九年初所出版的《聖嚴法師教話頭禪》，此書的出版，對於「中華禪法鼓宗」的禪學教法就比較完整。

一九九八年，我在象岡首度主持了「默照」、「話頭」單一法門專修禪七，引領禪眾一門深入契理契機。我們除話頭禪七外，另外還有禪十、禪十四，甚至在去年（二〇〇七），我們還在法鼓山上首度舉行了話頭禪四十九。

而現在這一本《聖嚴法師教話頭禪》，主要是整理我分別於一九九九年、二〇〇二年，在臺灣主持的禪七和禪十四，以及於二〇〇四、二〇〇五年在美國象岡話頭禪十的禪修開示。

我的書很少請人寫序，除了《聖嚴法師教默照禪》一書曾請楊蓓博士寫推薦序，另一的破例，就是《戒律學綱要》，是由竺摩老法師替我寫的。而這本書，剛好又是他的徒弟繼程法師替我寫導讀，這可以說是承先啟後，也算是一項特色。現在繼程法師也是我的弟子，他以弟子的立場來寫這篇導讀，也無可厚非。這篇導讀的可讀性高，希望透過它能讓更多人接受這本書。

二〇〇八年十二月四日

導讀

最精要的話頭指南

釋繼程

聽聖嚴師父的禪修開示，是一種享受；讀師父的禪修開示錄，也是一種享受。

師父的禪修開示，生動活潑，內容豐富，理路分明；經過師父細心審核，校改整編的開示錄，更是如此。因此在聽在讀的時候，是心靈上的享受。

相信這是禪眾們共同的心聲。尤其在打禪時，師父每天開示的時段，是禪眾們期盼，而也必然在法喜中進行的。

我雖然相當早期就親近師父，但參加的禪修課程的次數不算多，因此這種心靈享受的機緣，算是少了點，只是每次都是歡喜信受的。

師父在東、西方近四十年的弘法教禪的事業中，所主持的禪修課程，始以話頭為主，並持續至今，而默照的禪法則在八〇年代初期才引入，也是為了適應西方的一些禪眾。如今兩種禪法分開進行，都深受禪眾喜歡，因皆可得受用。

師父這兩種禪法的教學，在打禪時，都會有系統地介紹。而編輯成書，完整地介紹這兩種禪法，應是師父的心願。教導默照禪法的書已出版，而做為師父教禪中心的話頭禪法的指南，若不出版，對廣大的禪眾而言，真是莫大的缺憾。然而大眾的福報還是具足的，因為《聖嚴法師教話頭禪》，面世了！

本書正如上面所說的：生動活潑，內容豐富，理路分明，且系統完整。因此在閱讀上是享受，學習上是指南，心靈上是營養。

本書由三篇組成：（一）話頭禪法，（二）象岡禪十開示，（三）〈宗乘七箇樣子〉講記。三篇前呼後應，連貫成片。

第一篇的話頭禪法中，把話頭的方方面面，都完整地介紹了。在此綜合幾個要點簡介如下：1.話頭前方便，以數息、隨息、念佛等方法為應用話頭之前方便。2.話頭六原則，引用憨山大師的「五不一堅定」的六個原則，做為參禪者應注意的心態：不得貪求玄妙，不得將心待悟，不得期求妙果，不可自生疑慮，不得生恐怖心，堅定信心。3.話頭的功能：除妄念，破本參，破重關，破牢關，清楚說明用話頭的功能與好處。還有話頭的悟境，話頭之所依（的理論）等等。當然，最重要的是話頭四部曲：念話頭，問話頭，參話頭，看話頭。此對話頭方法的應用及次第，做了系統而清楚的說明，讓禪眾知道如何進入，如何持續用功，如何破參到如何保任。可說是歷代以來話頭禪法最精要的教學，也是修行話頭禪法者最好的指南。

第一篇已方方面面介紹了話頭禪法，第二篇的話頭禪十開示，也多方面談及話頭禪法的應用，正可為第一篇做多方面的補充，但內容又非重複的，而是相輔相成，相得益彰的效果。尤其禪十開示中每個晚上是以《六祖壇經》的幾段經文來講解，這幾段經文為精要部分，與參禪關係密切，如將禪的「無念為宗，無相為體，無住為本」的精華，輔以《壇經》中的一行三昧、直心、見性、不染等重要內容，發揮出來，真正把參禪，包括話頭禪的修行所依所行，都清楚而完整地闡述了。

進入第三篇，是話頭禪的倡導者大慧宗杲禪師的〈宗乘七箇樣子〉：1.道由心悟，不在言傳。2.自家寶藏，何假外求。3.常存生死心。4.離文字、語言、分別相。5.但向生死交加處看話頭。6.道無不在，觸處皆真。7.省力處便是得力處。這把參禪的形形色色，優優劣劣，毫無保留地一一揭開，這是禪師何等地苦口婆心啊！而師父的講要，除了白話解釋，更整理出其中的要點，加以分析，讓讀者能讀得更深，把握得更好，對本身在參禪的工夫上，能行持得更好。

常常覺得自己是很幸福的人，因為遊心於法海、禪海中，又在師父門下習禪教禪，秉承師父的大願，要把那麼好的佛法，那麼妙的禪法介紹、分享予更多更多的人。因此有緣在師父這本禪修開示錄書裡，將自己的一點心得分享，內心裡充滿感恩與歡喜。

二〇〇八年十一月三十日怡保般若岩第十九屆大專靜七

目錄

第二篇　象岡話頭禪十開示

第三篇 〈宗乘七箇樣子〉講要

第一篇

話頭禪法

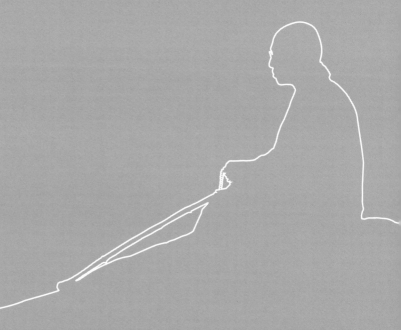

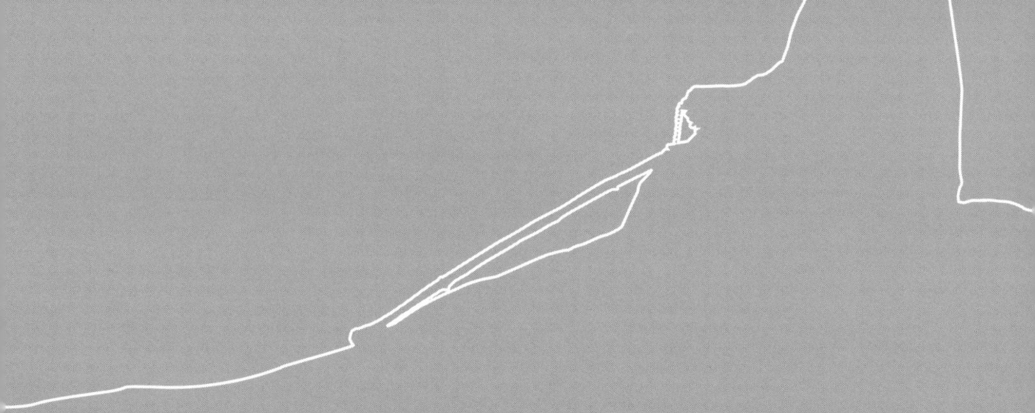

壹、話頭禪的旨趣

——金剛王寶劍、斷一切煩惱

話頭禪的修行，是以一句話頭來達成下列目的：第一、話頭能治散亂與除昏沉；第二、話頭能使我們的心集中、安定；第三、話頭能使我們的心統一和入定；第四、話頭能使我們開悟。

一、話頭是什麼？——「金剛王寶劍」威力驚人

話頭又被稱為「不死之藥」、「甘露」或是「金剛王寶劍」。金剛已是非常堅固，金剛王更是金剛之中最好的，所以金剛王寶劍是寶劍之中最鋒利的，能破除一切堅硬的物體，而不被任何東西所破。

金剛王寶劍的作用是「佛來佛斬，魔來魔斬」。此處所說的「佛」，指的是好境界、好現象或好念頭；「魔」則是指不好的境界、不好的現象，以及不好的念頭。心中有好境界、好現象，要提話頭；心中生起雜念、妄想、煩惱、衝突，或是身體出現任何障礙，也要提話頭。無論遇到身心、環境的任何狀況，都要提起一句話頭，斬斷所有一切好的和壞的狀況。金剛王寶劍不僅能將妄想、雜念一掃而盡，還能摧破煩惱魔、生死魔、五蘊魔或天魔等一切魔障，如此強大的威力，若是不知運用，實在很可惜。

禪宗有一則公案說：文殊菩薩曾經拿著寶劍要追殺釋迦牟尼佛。諸位也許會想，菩薩是要造反了嗎？不是！這則公案寓意著眾生的愚癡。有些人修行修得相當執著，常常希望能見到、聽到佛菩薩的顯現，或是能得到神祕經驗、感應，這都是一種執著的心態。煩惱是一種執著，貪戀生死是一種執著，將佛菩薩、神祕感應當作冀求的對象，也是一種執著。

文殊菩薩是智慧的象徵，「文殊殺佛」是譬喻以智慧寶劍斷除一切執著，因此禪宗祖師們才會說：「逢佛殺佛，逢魔殺魔。」將魔和佛一起殺，心中無一絲罣礙，才是真正的不執著，否則無論執著什麼，都是一種煩惱心。《維摩經》說：「不著佛求，不著法求，不著眾（僧）求。」意即不求佛、不求法、不求僧，智慧才能真正現前，才是真的運用禪法。在臨濟宗義玄禪師的《臨濟錄》裡也說：「逢著便殺。」這個「著」是執著的著。有人會覺得似乎祖師們的殺心很重，怎麼見到什麼就殺什麼，殺氣騰騰滿可怕的。其實，這都是要修行者決心放下一切，不執著任何一樣東西，真智慧才會現前。

一般人通常會執著哪些東西？一種是執著身體，叫作「身見」，另一種是執著和身體相關的事物，乃至於觀念、名位、經驗等，所以禪宗的祖師們發明話頭，要以話頭將所有執著心趕盡殺絕；若是捨不得殺、捨不得趕，將是個煩惱鬼，會為四種魔所困擾，其中，遭受天魔困擾的人，就是因為心中有執著。有些人能放下一切，但卻相當執著於自己的修行經驗，並且自信滿滿地認為自己修得很好，這種人雖然信心堅固，慢心卻也同樣堅固。會執著自己的經驗，就是因為沒有處理自我的魔障。

話頭是金剛王寶劍，這把寶劍是在有散亂心、煩惱心出現的時候用，並且在開悟之前用，開悟之後繼續用。為什麼開悟之後仍然要用？若是開悟之後執著自己的悟，就成了執迷不悟，所以悟後仍然需要繼續用話頭，這是「保任」。悟前悟後都能用，所以話頭是一種非常好、非常乾淨俐落，而無一絲牽掛的禪修方法。

（一）不可思議的話頭

所謂「話頭」，虛雲老和尚解釋為：在尚未有這一句話之前是什麼？也就是說，參話頭目的，是要知道在尚未有語言文字可以表達之前，那是什麼，而不是要去解釋這句話頭。沒有語言文字，表示一切語言文字皆無法表達，事實上，此即不可思議。不可思，是無法思考、揣摩；不可議，表示無法以文字表達，不可思不可議即是話頭。

不會產生副作用、不會產生想像空間，而且是一句無意義的話，這樣的話頭是最好的。南北朝時期，禪學大師傅大士形容得相當適切，他說：「空手把鋤頭。」這句話的意思是什麼？手中是空的，但卻抓著鋤頭，這是無法以常識理解的；又說：「人從橋上過，橋流水不流。」不是水在流而是橋在流，這也和常理不相應。像這兩句無法以常理來解釋的話，即可當成話頭。還有其他的話頭，譬如「東山水上行」，東邊的山在水面上走路；「東山下雨西山濕」，東山在下雨，結果西山是濕的，這些都不合乎常情。

古代中國禪宗最盛行的一句話頭是「祖師西來意」。這句話頭是問：達摩祖師從西天來到中國，帶來了什麼？西天是指印度，印度禪法從初祖摩訶迦葉傳至二祖阿難，然後代代傳承至第二十八祖菩提達摩，而菩提達摩來到中國，成為中國禪宗的初祖。有人說他從印度帶來了一部《楞伽經》，但是他沒有翻譯這部經，只是教人家要用這部經。也有人說他帶來的是禪法。何謂禪法？禪法事實上是心法，所以菩提達摩是用他的心，帶來不可思議的禪法。既然是不可思議、無法解釋，所以「祖師西來意」成為古代最普遍流行的一句話頭，而且是當時非常有力量的一句話頭。現在的人距離達摩祖師的時代已經很遙遠，若是參「祖師西來意」這句話頭，大概力量不大，因為許多人都不知道誰是「祖師」。

祖師如何帶來禪法？又如何傳法給中國禪宗的二祖慧可禪師？其中有一則「斷臂求法」的故事：當達摩祖師於嵩山面壁時，慧可禪師來到嵩山向菩提達摩求法。慧可禪師說：「我的心不安，請你替我安一安。」菩提達摩說：「好！將你的心拿出來，我替你安。」慧可禪師馬上回過念來尋找自己的心，要拿心給菩提達摩安，但是卻遍尋不著，就在慧可禪師說「找不到心」的當下，已經體悟了何謂禪法。如何安心？無心可安就是安心，有心可安永遠安不了心。

有心可安是次第禪法，這是一般人通常採用的方法，也就是以數息觀、不淨觀、因緣觀、界分別觀，或念佛觀、慈悲觀等種種觀法，使妄念逐漸減少，達到安心的目的。事實上，這樣的安心並不徹底，只能讓心沉澱、安靜，似乎感覺沒有煩惱了，但遇到重大狀況，也就是大瞋、大貪、大問題出現時，心境又會出現煩惱。如同將明礬投入渾濁水中，由於明礬的作用，使濁水裡的渾濁物，逐漸結成固體向下沉澱，因此水面上所見到的是清淨、透明的，但是沉澱物仍然在水底，若是往水中攪動，沉澱物還是會出現。用話頭禪法，不只是將渾濁物沉澱而已，而是從根本解決，將裝水的容器一起粉碎，此時才是真正的清清爽爽。如果煩惱再次出現，就再次用話頭將其根本粉碎，如此不間斷地一直參話頭。

另外，用五停心觀或四念住觀的方法，是讓心有著力點可寄託，就能因此從散亂複雜的狀態，逐漸成為集中心，然後達到統一心。而修行大乘禪法時，是否也需要經過相同的次第呢？以我的經驗來說，有過集中心和統一心的經驗是很好的，因為心在比較安定時，參話頭容易得力，若是再加上生死心非常迫切，疑情和疑團就更容易形成，否則，若是心裡非常混亂，就無法立即將話頭使上力。

現在禪宗所用的話頭，都是祖師們曾經用過的，那麼自己是不是也可以發明話頭？這要依據這句話頭是否有力量、能否持續疑情來判斷。就像嘴裡吞了一顆內餡非常好吃，但是非常燙的湯圓，又因為內餡太美味了，雖然燙口，卻捨不得吐出一樣，此時心中只想將湯圓盡快吃完，或讓湯圓盡快變涼，不會有其他的雜念。如果自己發明的話頭，能夠產生這種感受，就可以參；如果這句話頭，有時好像會讓你產生疑問，卻只能維持一下子，力量不強，無法使疑情持續不斷，那麼這樣的話頭只是妄念。雖然禪宗所使用的話頭也是妄念之一，但卻是能觸動警覺心、提起道心的一句話，所以可以成為話頭。

（二）常用的四種話頭

參任何話頭，千萬不能和自我中心連在一起，若是參到最後總是圍繞著自我，將會成為一個傲慢心、自私心非常強的人。所以如果自己發明了話頭，要先去請教師父這句話頭能不能參？否則最好還是老老實實地用師父建議的話頭。以下是四種禪宗常用的話頭：

1.念佛的是誰？

習慣念佛者在開始參話頭之前，可以先念佛，但是念了幾句之後，便要提起話頭連續地問：「念佛的是誰？」但是當你在問「念佛的是誰？」時，卻自我回答：「念佛的是我！」雖然常識上是自己在念佛，但這個「我」是妄想、執著、煩惱的我，不是智慧、清淨、無我的「我」，所以這個答案毫無力量，不是正確的。此時該怎麼辦？還是要立刻提起話頭。

若是感覺問「念佛的是誰？」問得很無聊，或是自己已經沒有在念佛，所以對於問「念佛的是誰？」覺得奇怪時，可以改念佛號，直到無聊的感覺消失後，才再提起話頭。若是又覺得無聊，就再念佛，但是念佛的時間不要太長，清清楚楚地知道自己在念佛之後，即提起話頭來參。

念佛者參的話頭是「念佛的是誰？」。這是因為宋朝之後，許多禪修者也念佛，稱為「禪淨雙修」——以念佛求生淨土，以參禪明心見性。明心見性者同樣發願往生淨土，而發願往生淨土者也需要明心見性，所以參「念佛的是誰？」。

2. 未出娘胎前的本來面目是誰？

另外，習慣數息者若是一開始無法馬上參話頭，也可以先以數息法來放鬆身心，在數了幾次之後，便開始參話頭。不一定要等到完全沒有妄念才參話頭，否則，整個禪修期間可能都只是在數呼吸，而沒有機會參話頭了。當你清楚知道自己在數呼吸，心念比較平穩時，就可以開始參話頭。此時心裡也許仍然有雜念、妄想，不過沒有關係，要以話頭來替代妄想。數息者所參的話頭，我的建議是「未出娘胎前的本來面目是誰？」。

何謂「未出娘胎」？不要自以為「未出娘胎前我是個鬼、是個靈魂、是中陰身、是第八識……」，或是認為需要去修神通，修成神通後，就能知道過去世的自己究竟是誰，或是去問能知三世的算命仙，這些想法都是妄念、是魔。所謂「未出娘胎前的本來面目是誰？」的意思是「沒有生與死的本來面目是誰？」。

何謂「沒有生與死」？「出娘胎」是生，有生就有死，死了之後可能又會再出娘胎。「娘胎」指的是什麼？人的娘胎是胎，動物的娘胎也是胎，眾生在生死之中打滾，即是出娘胎。我們從無始以來就有生命，那麼，我們在無始以前是什麼？所以，參「未出娘胎前的本來面目是誰？」，是要參「無始以前還有什麼？」、「還沒有開始生與死之前是什麼？」，若是自問自答「無始以前是真如、是佛性、是如來藏……」，凡是給話頭任何答案或名詞，都是錯的。既然任何答案都是不對的，那還要繼續問下去嗎？要。用話頭將一切執著、妄想、雜念全部打得粉碎，在毫無餘地、沒有退路的時候，本來面目是什麼？像這樣問下去，就是在參話頭。

3. 拖著死屍走的是誰？

另一句話頭是「拖著死屍走的是誰？」。我們這個身體只要一口氣上不來，就成為死屍。而當身體正在動的時候，到底是誰在動呢？如果是身體，可是身體常常在變化，如果是心念，心念也常常在變動；也有人說是靈魂、有人說是元神，更有人說是佛教所謂的第六識、第七識、第八識，或稱為神識，但是這都不能解釋拖著死屍走的是誰，那麼究竟是什麼在拖著死屍走？其實問這句話的目的，並不是要問你的神識是什麼，或者你一生又一生的業力是什麼，而是問拖著這個死屍的本來面目是誰？這與「未出娘胎前的本來面目是誰？」問的是同樣的東西。

4. 什麼是無？

若是覺得「未出娘胎前的本來面目是誰？」或「拖著死屍走的是誰？」句子太長，可以參比較簡短的話頭，例如「無字公案」的「無」，也就是「什麼是無？」。

「無字公案」源自唐朝趙州從諗禪師與弟子的應答。有一天，一位弟子問趙州禪師：「一切眾生都有佛性，狗有沒有佛性？」趙州禪師只回答一個字：「無。」一切眾生皆有佛性，而狗也是眾生，當然也有佛性，但是趙州禪師卻回答「無」，為什麼？這個「無」究竟是有佛性還是沒有佛性？趙州禪師不再回答，而是要弟子自己去參。其實，趙州禪師所說的「無」，指的是佛性。但是，真的有佛性這樣東西嗎？沒有。這是因為眾生執著，為了方便度化眾生，所以才權巧方便說有佛性，事實上沒有一樣東西叫作佛性。「佛來佛斬，魔來魔斬」，執著有佛性，要斬；說「無」就是佛性，也不對，只要有任何回答都是魔，都要斬。

二、參話頭有什麼功能？——話頭能斷一切煩惱

用話頭能破除五蘊，連意識也能一掃而空，此時一切雜念妄想都不會生起。但是這與沒有雜念妄想，覺得輕鬆、快樂和安定的境界不同，後者仍然有想蘊、行蘊、識蘊、受蘊，並不是五蘊皆空的境界。實證五蘊皆空時，即是《心經》所說的，甚深般若波羅蜜出現了；甚深的般若出現，就能離一切執著、煩惱、分別心的苦，這是話頭的功能。若是不清楚話頭的功能，也不曉得話頭的答案是什麼，就是處在意識茫茫、醉生夢死之中。

有人說，嬰兒不會說話，也不懂思考，是否就是話頭的境界？實際上，嬰兒不會說話和思考，這是處於一種渾沌狀態，不是佛的果位。佛的果位或是已斷煩惱而證菩提的境界，是「應無所住而生其心」——「無所住」是沒有執著，「生其心」是樣樣分明。心中毫無執著，既無自我煩惱，也無自我的立場，但是該反應時，清清楚楚、明明白白應該如何反應。這不同於嬰兒心，也不是赤子之心，嬰兒尚未經過學習，所以心智未明，而且嬰兒會哭、會貪、會寂寞，因此，若將不會說話、不會思考的嬰兒階段等同於解脫的境界，這是將渾沌、迷暗、愚昧誤解為無欲、無我的智慧。

有人自認為平常很少有煩惱或情緒，心十分安定。情緒平穩的人是非常成熟、有修養的人，這樣的人是值得信賴的，但是這不等於沒有自我中心。情緒平穩與了生脫死無關，因為這樣的人仍舊不知道生死心是什麼。因為對生死不清楚、一片茫然，所以要用話頭產生疑情，疑生死的根本是什麼？疑煩惱的根本是什麼？幫助自我發現生死是什麼？當疑團破裂粉碎，連同執著、煩惱、自我中心也一起粉碎，此時才能體驗到真正的自由自在。

（一）除妄念

話頭禪的功能，有著不同的層次，第一層功能是除妄念。當你不斷提起話頭，提得非常熟練時，雜念、妄想、煩惱會逐漸減少，頭腦會愈來愈清楚，甚至一炷香之間沒有妄念，都是正念分明地參話頭。這是參話頭的第一層功能。

當自己知道了什麼是妄念減少，或是沒有妄念的狀態，有助於在日常生活中少一些情緒，這已經是相當有用了，所以，參話頭即使沒有開悟，對人格、心性和修養都有助益。參話頭不是非要開悟不可，但也不是不要開悟，而是不強求開悟。有一位禪眾說：「師父，我知道我這一生是不會開悟了。」他已經為自己下定論是不會開悟的，雖然能夠誠實地面對自己，但是對自己沒有信心，是可憐憫者。

《法華經》中說，大通智勝如來禪坐了幾小劫的時間，悟境仍然不現前。他坐了那麼長的時間，佛法還不現前，但是他並沒有失望，他堅持到最後終於成佛了。有人也許會想：「坐那麼長的時間不開悟，還要繼續坐嗎？」我們用禪法時，是當下接受、直下承當，不去管何時開悟。也許下一念便開悟，也許下一輩子才開悟，都不要管它，即使八輩子、一百輩子不開悟，仍然要繼續參話頭。只要現在還活著，現在知道要參話頭就立刻參，開悟時自然會開悟。在不開悟之前，誰能知道何時會開悟？若是已經為自己貼上標籤說：「這一生不會開悟了，等下一生再來吧。」這樣很容易生起退心，而且會對自己失去信心。所以，不要想這一生或是這次禪七能否開悟的問題，當下只是用方法、用話頭。

（二）破本參

參話頭的第二層功能，是無論悟前悟後，都要抱著一句話頭。所謂「抱著一句話頭」，即是牢牢地用這句話頭，不放棄、不失望、不懷疑，並且持續不斷地用它。一直參著的話頭稱為「本參話頭」，「本」是根本和基礎。這句話頭是從初發心、剛開始參禪時就用起，無論是自己發現的或是師父給的，這句話頭一定是觸動了你的道心、觸動了你的警覺心，讓你警覺到原來有自己不知道、不清楚的重要大事，這真是非常糟糕，所以一定要知道這件大事究竟如何，於是對話頭產生了疑情。當疑情形成疑團，突然間疑團破了，就叫作「本參破」、「破本參」或是「破初參」。

所謂「破本參」，就像自己被關在悶葫蘆裡和葫蘆一起成長，不曾從葫蘆裡頭出來過，不知道葫蘆外的情形究竟是什麼。等到有一天葫蘆從藤上掉落，摔裂一條縫的同時，你從這條縫中見到了一些亮光，但是不久這條裂縫又密合了，雖然你仍是在葫蘆裡沒有出來，但是已經見到葫蘆外的光，這即是「破本參」。

這道光是譬喻佛性或空性。見到光的這一瞬間，是自我中心的煩惱、分別都中斷了、脫落了，也就是已經知道了離開自我中心或自我執著的情況。雖然離開的時間不長就又回來了，但是知道葫蘆外面是有光的，從此以後，修行的信心會非常堅固，對修行不會起退心，並且對於何謂「煩惱」、何謂「自我」認識得更深。雖然遇到大衝擊時，仍然會有煩惱，但是終究會回到方法上，更懂得以方法來處理煩惱，所以破本參非常有用。

（三）破重關

破本參之後，葫蘆縫又會合起來，所以還是要持續參話頭，將葫蘆縫繼續衝開，多次之後，也許裂縫會愈來愈大，或是會在許多地方出現裂縫，這叫作「破重關」。無論是第一層的破本參，或是第二層的破重關，都是用同一句話頭。

破本參之前叫作「參話頭」，破本參之後叫作「看話頭」。雖然是參同樣一句話頭，但是心態轉變了。什麼是轉變後的心態？就是知道煩惱是什麼，但是因為仍然有煩惱，所以要繼續參「如果完全沒有煩惱的時候，是什麼情況？」、「如果達到和佛完全一樣的境界時，又是如何？」疑團會一個個出現，所以要繼續用這句話頭達到最終目的。因此，有祖師說，大悟多少次，小悟多少次。

（四）破牢關

大悟就像將整塊冰一敲為二，小悟就像分裂開許多冰塊，再一塊塊地鎚碎。

因為冰塊若是不持續鎚碎，一旦遇到冷空氣，這些敲碎的冰塊又會融合在一起。持續地鎚，鎚到沒有任何冰塊存在為止，也就是重關一重一重地破，破到最後叫作「破牢關」。「牢」是生死的牢獄，牢關是生死關，破牢關就是出離生死、出離三界，從此之後，心不再受到三界所有煩惱的束縛。所以，話頭是非常有用的，能夠一直用到出三界。

所謂「出三界」，相當於天台宗別教的菩薩層次。天台宗判教，分成「藏、通、別、圓」四教，每一教的佛、菩薩，層次都不一樣。以別教的菩薩而言，從初地菩薩開始即出三界，稱為「法身大士」，但是也有人認為，八地菩薩才是真正出三界。修行禪法的人不管這些，只要自己仍然有雜念、妄想、情緒和煩惱，就用話頭；無論自己是大悟、小悟，或是沒有悟，都是不斷地、不斷地用話頭。

小乘認為了生死一定要證阿羅漢，而禪宗所謂的「生死心破」，是除煩惱，但是除煩惱不等於永遠斷除，因為悟後煩惱、分別心的殘根仍在，明心見性不等於已經成了徹底的、究竟的、圓滿的佛。明心見性所見的是理性佛而不是究竟佛，但是見到了理性佛，就能使修行的信心不退，會繼續修行下去。

貳、參話頭前的準備和認知

修行話頭禪時，無論參哪一句話頭，腦海裡出現的任何答案，都是自己的妄想，是從潛意識產生的，即使出現了上千、上萬個答案，都不是正確的答案，因為參話頭不是自己給話頭答案，也不是自己問自己，而是問那句話頭，要那句話頭給你答案。只有無法以思想、語言、文字表達，而且能破無明、除執著的，才是真正的答案，所以千萬不要以為自己開悟了，因為開悟不是這個樣子。

在修行的過程之中，不要老揣摩著什麼是開悟，揣摩開悟永遠無法開悟，要老老實實不斷地用話頭。既然沒有答案，還要不要繼續參？要。這是修行的工夫。工夫到了，有沒有答案不是問題，也許有答案，也許根本沒有答案，但是修行的工夫卻熟練了。

一、基本認識

話頭只是方法，不是道理，也不是要寫文章或辯論，所以不要去分析、解釋、研究話頭。對話頭進行思考、分析，會造成頭部發熱、發脹、疼痛，身上的血、氣容易往頭頂衝，這時可能會產生兩種狀況：一種是變得神經質，另一種是頭痛。參話頭時，千萬不要思考，身心不要緊張，而是輕鬆、清楚知道自己在不斷地參話頭，並以話頭來粉碎雜念妄想，使雜念妄想無力且無處可藏，此時頭腦非常清楚地知道自己在問、在參話頭。

雖然是要話頭給答案，但若是一邊參話頭一邊想：「話頭怎麼不給我答案？話頭啊！我已經很急，等了幾天，怎麼還不給我答案？話頭啊！沒剩幾天了，我還沒有得到答案，話頭啊！你要給我答案。」這種心態也不正確。有些人因為了解了出現任何答案都是錯的，所以覺得問話頭很無聊、沒有味道，於是放下話頭休息，享受打坐的清淨安穩，只求心中無雜念。這樣的打坐只能感受一份粗淺的輕安，不會有更深的體驗，更不可能開悟、明心見性。

禪宗形容這種狀態為「黑山鬼窟」，「黑山」意即沒有光明，「鬼窟」則是鬼住的洞窟。這雖然有助於安定身心，但是與大乘禪法不相應，特別是與話頭禪不相應。話頭雖然不會直接給答案，但能使你得到「無」的答案，也就是《金剛經》所說「無我相，無人相，無眾生相，無壽者相」，以及「若見諸相非相，則見如來」。這裡所指的「如來」，不是「三十二相、八十種好」的如來，《金剛經》說得很清楚，若有三十二相即是如來，那麼轉輪聖王也具備三十二相，但轉輪聖王也是如來嗎？不是。不著相，才能真正見到如來。

壽者相是時間相，眾生相是空間相。在空間之中你我對立，有你就有我，有我才有你，多數的「你」就變成眾生相。為什麼有眾生相？因為有我相，破我相之後，便能破人相、眾生相以及壽者相。但是眾生因為所有相都沒有破，大事未明、生死心未了，所以需要參話頭。

（一）憨山大師的六個原則

明朝末年憨山大師曾經提出了參話頭的六個原則，不僅對當時來說很有用，現在對我們而言，仍然非常有用，即使在未來也同樣是有用的，並且對任何人都有用。現在將六個原則逐一說明如下：

1. 不得貪求玄妙

「玄」表示難懂的。「玄妙」有兩方面的解釋：一是理論上的玄妙，譬如哲學問題或者宇宙人生道理，是需要經過思考的；另一種解釋是宗教體驗上的玄妙，指的是神通感應與身心變化。

許多人認為修定或參禪者，一定擁有「五通」的能力——天眼通、他心通、宿命通、神足通、天耳通，或是在打坐過程中可能發生一些神奇的異象。曾經有位禪師離開大眾獨自精進修行，住在距離寺院有一段路程的小寮房裡，但仍然隨眾過堂吃飯。後來有一段時間，大眾沒有看見禪師來過堂，還以為他入定了。當這位禪師再次出現時，方丈和尚問他：「為什麼你有一段期間沒來過堂？」

禪師回答：「有一位天人，自稱被我的修行所感動，所以天天為我送飲食，因此沒有隨眾過堂。」

方丈和尚聽完之後，立即訶斥禪師說：「我原以為你是個人，原來你是個鬼啊！你怎麼和鬼打交道，人不做，卻要做鬼去了。不要作怪！」

禪師一聽，心中有所省悟地說：「我知道了！」於是回到寮房精進修行，此時，禪師斷除心中一切期待和祈求，打坐就是打坐，用話頭就是用話頭，從此以後，天人就不再出現了。

相傳浙江天童寺名稱的由來，是曾經有一位禪師在打坐時，感應一位青衣童子每天為他送供養，禪師於是問童子是誰，童子說自己是太白金星，只是顯現的是童子相。因為這個傳說，所以才被稱為天童寺。類似這些經歷，都可稱為玄妙。但是，請不要貪著修行期間發生的神祕經驗或奇異現象，貪著玄妙等於是和鬼打交道，請千萬要謹記在心。另外，也不要搬弄哲學或玄妙的理論，這些理論雖能愈談愈妙、愈神奇、愈深奧，但只是一種理論的思辨法，完全與禪法不相應。思辨或許有助於增長常識的知見，但是對於明心見性卻毫無幫助。

2.不得將心待悟

不得將心待悟，是指不可有期待開悟的念頭。許多人認為修行禪法是為了開悟，為什麼不能期待開悟呢？因為如果你每次打坐，便期待著要開悟，久而久之，精神上可能會出現問題。雖然疑情的產生，是等待話頭給答案，想要知道答案究竟是什麼，但是因為仍然不知道答案，所以心中會有一種悶的感覺。製造疑情的期待與開悟的等待不同，只要有了等待開悟的心，就已經無法專注在話頭的方法上了。

有一次禪七，我看見一位禪眾方法用得非常綿密，連續坐了幾支香都沒有起坐，我想知道他的狀況，於是拿香板打他一下，這位禪眾被打之後，非常生氣地對我說：「師父！我差不多快要開悟，你怎麼把我的悟打散了！」我問他怎樣地快要開悟？他說自己的心已經非常安定，心中只有一句話頭一直問下去，愈問愈深，感覺非常好，結果被我香板一打，將他的悟打掉了，心亂了，禪七也泡湯了，因此非常生氣。

其實我打他是為了試驗他，被打了香板之後，若他的回應是笑一笑，表示這是好的，有道理，但他的回應卻是非常生氣，這還算是有禪定工夫嗎？他是應該挨打的，因為他躲進了無事窟裡，心在無事窟裡不斷地鑽，愈鑽愈深，他是在追求、等待著準備開悟。因為有強烈期待要開悟的心，所以他能坐得不錯，假如他沒有熱切追求開悟的心，可能無法坐得那麼久。能夠幾炷香不起坐，表示腿功不錯，但是被香板一打，讓他的煩惱無明全部顯露，因此他的工夫是在於執著，若是他有《金剛經》所說「應無所住而生其心」的心態，就不至於發脾氣了。

真正的大乘禪法，不是鑽進無事窟享受一份寧靜和安逸，也不是一直往下鑽，而是非常清楚明白自己正在用方法，心中不受任何狀況的影響。

禪七共修時，可能會有各種狀況發生，也許有人大哭大笑，也許有人大吼大叫，出現這些狀況都是正常的。不明所以的人，會擔心不知道將要發生什麼事，其實聽到或見到這些現象，要文風不動，並且告訴自己：「天下所有的事各就各位，與自己無關，當下就是一句話頭。」即使當下有人開槍掃射，也不必驚慌，你不是正在參「什麼是無」嗎？你在參「無」，就算被擊中了，在臨終之時終於體驗到「什麼是無？」不是很好嗎？當然，你不需要擔心，事實上，這種事情是不會在禪堂裡發生的。

修行時有將心待悟的念頭，一定會有麻煩，容易走入歧途。因為將心待悟，會將許多存在於潛意識中，自認為是悟境的境界浮現出來，任何千奇百怪的境界，都會從自心產生，此時，你可能會認為自己就要開悟了，但事實上不是開悟，而是發生精神問題了。所以，用將心待悟的心態參話頭，可能會發生兩種情況：一是無法深入用功，因為你的心總是在期待、揣摩開悟，其實這是在打妄想；另一種是可能發生精神異常，將一些從潛意識中產生的境界，誤認為是悟境現前。

悟，有五個層次：第一個層次是統一境，是身心的統一；第二個層次是光音境，聽到無限的音聲、見到無限的光；第三個層次是聰明境，譬如能聞一知十、下筆有如神助、出口成章，或是所做的判斷十分準確，此時會認為自己已經開悟了；第四個層次是悟境現前，自己覺得灑脫自在，心中無絲毫罣礙，無任何煩惱現前，身心輕安而無負擔，覺得自己是開悟了，但這是真的開悟嗎？其實這是輕安境，而不是真正的悟境；第五個層次是開悟境，此時感覺虛空粉碎，大地落沉，這才是真正的開悟。

有人害怕「虛空粉碎，大地落沉」之後，自己就會消失，事實上，只要有了害怕的心，是永遠無法開悟的。「虛空粉碎，大地落沉」是形容「自我」已經不存在，無內外之分，也無空有之別，此時是真正的開悟。悟的五個層次，不一定是循序漸進地從第一個層次到第五個層次，有些人剛開始修行，便能直接進入「虛空粉碎，大地落沉」的層次，這是屬於頓悟了。

3.不得期求妙果

期求妙果和將心待悟有關，因為開悟之後就是證得果位。一般外道會自稱證果來惑眾，以自己修行上的一些身心反應和經驗，自認為已經證得某種果位。事實上，中國歷史上許多大徹大悟的禪師，不會自稱證了什麼果位，許多宗派的創始者也不會說自己是某種果位，或是已經超凡入聖。真正的修行者是不期待、不承認，也不會去宣傳自己證得果位，而是非常強調不執著與無煩惱。

在釋迦牟尼佛時代，證得果位好像非常容易，證初果、二果、三果的人不計其數，證阿羅漢果的人也很多。釋尊的十大弟子是大阿羅漢，另外還有五百大阿羅漢，而在《阿彌陀經》裡則有「千二百五十人俱」，這些也都是阿羅漢。因為是佛的時代，所以證得果位的人相當多，但是佛涅槃以後，就不曾見到有這麼多人證得阿羅漢果了。特別是大乘佛法，不強調也不重視證得什麼果位，而是以菩提心與出離心為第一，若是祈求證得妙果，終究會導致負面的影響。

4. 不可自生疑慮

不可自生疑慮，是不懷疑自己、不懷疑方法，也不懷疑老師和佛、法、僧三寶。懷疑自己等於是懷疑三寶——懷疑自己能否用上方法，或懷疑自己是否該修行，這都已經離開了佛法。佛說一切眾生都有成佛的可能，端視自己願不願意修行，願不願意承認或接受成佛的信心，只要能發起成佛的信心，終究一定會成佛，這是不容置疑的。

也許有人覺得禪宗說不可以懷疑，又說參話頭需要有疑情和疑團，這豈不是相互矛盾？其實並不矛盾。禪宗所說的不要有疑慮，是指不懷疑自己能不能修行或該不該修行、不懷疑佛法所說、不懷疑正在指導你修行的老師，以及所指導的方法正不正確。要懷疑的是這位老師所指導的佛法觀念，若是違背三法印的原則，那你就要趕緊離開他，因為這位老師不具備正信和正知正見；如果他所指導的觀念，沒有違背三法印的原則，那麼這位老師即是可以信賴的。疑心生暗鬼，只要有懷疑心，便會失去信心，也就因此無法提起用功的心了。

而建立堅固的信心，也有三個層次：第一個層次是仰信，第二個層次是解信，第三個層次是證信。

證是實證，是自己已經體驗到了；解信是指所說的道理與三法印相應；仰信則是雖然你不知道或不認識，但是因為許多人都說佛法好，或是說某位老師是具備正知見的善知識，所以你也接受了。

5.不得生恐怖心

參話頭禪的第五個原則，是不得生恐怖心。《心經》中提到「無罣礙故，無有恐怖」，之所以會產生恐怖心，一種可能是對現在缺乏安全感，另一種可能是對未來失去方向感。現在沒有安全感，是因為害怕不知何時會遭受傷害、冤枉，或遭他人占便宜，為了求得安全保障，有人是以金錢來保障自身安全，譬如出門要買旅行保險、為房子買火險，或是為生命保壽險……，各式各樣的保險都買。

但是，保險公司真的能保障房子不失火、保障飛機不失事、保障你長命百歲嗎？事實上，這些保險只是保障了親人，當自己出事或死亡時，讓家屬獲得保險賠償。所以，缺少安全感而擔心害怕是沒有用的。也有些人患了重病，恐懼死亡的來臨，但是聽過佛法的開示後，他們就不怕了。當恐懼心消失時，反而可能活得長久一些。

有些恐懼心是在獨自打坐時產生，尤其是晚上想起只有自己一個人在打坐，就有恐懼感，覺得門窗或天花板似乎都會發出聲音，擔心是否妖魔鬼怪即將出現等，因為心中恐懼而無法繼續打坐。當你心中產生恐懼時，不妨告訴自己：「無論任何東西出現，都歡迎一起來打坐。」只要這樣想，就不會那麼害怕了。

我有一位出家弟子，多年前在法鼓山預定地上，一間窄小的老房子裡獨自打坐，剛開始的前幾天晚上，無論是打坐或睡覺，都能清楚聽到天花板上傳出聲音，像是有人在拖拉沉重的物體。老房子的天花板很薄，他擔心有重物掉下來，於是愈聽愈害怕，但是開燈查看，又不見有任何狀況，可是一關燈繼續打坐，就又會聽到同樣的聲音。後來，他對著發出聲音的地方說：「嘿！我不怕你了，你要怎麼樣都可以。我現在要打坐，你乾脆當我的護法好了。」說完之後，從此再也沒有聽到聲音了。

另外，有些人的恐懼，是來自身體所產生的反應，譬如打坐時害怕腿痛、腿麻，擔心雙腿會因此而無法行走；有人打坐時只要一閉上眼睛，便感覺像是掉進無底深淵一樣，一直往下沉，好像要掉入地獄了，因而驚叫、喊救命；有人則是害怕自己會像火箭一樣衝上屋頂，這都是因為出現反常的身心體驗，所造成的恐懼。無論是何種原因，只要有一絲恐懼心出現，就無法繼續打坐了。事實上，會產生恐懼心是與自己有關，其實只要不恐懼，自己感到害怕的境界就會消失；愈是恐懼的話，恐怖的境界會愈多。一個禪修者是忌諱有恐懼心的。

還有一種恐懼心的狀態：我有一位弟子在禪七期間非常用功，方法用得相當得力，可是在禪七的第五天，他突然說不再打坐了，我問他原因，他說：「因為我怕自己坐得這麼好，繼續坐下去會開悟。」我問他：「為什麼怕開悟？」他說：「師父，不瞞你說，我的女朋友還在等著我，如果我一開悟，就會不要女朋友了。因為開了悟的人，是什麼都不要了的，這樣我會對不起我的女朋友，所以我不敢開悟。」竟然會有這種人！期待開悟的心是有問題的；害怕開悟的心是恐懼心，也是有問題。其實開悟之後，仍然是過著一般人的生活，已經有親屬配偶的人，只要將配偶視為同修的菩薩就行了，有什麼好恐懼的？

6. 堅定的信心

堅定的信心，是堅信自己一定能成佛，並且堅信自己必須修行，所以要珍惜修行的機緣。有首偈子寫到：「人身難得今已得，佛法難聞今已聞，此身不向今生度，更向何生度此身。」意指人身是十分難得的，此生已經得到人身，若是不知道珍惜地用今生的色身來修行，要等到哪一生才能再獲得可以修行的人身呢？

有個觀念害人匪淺，就是在一些民間故事情節中，常常看見江洋大盜都會說：「死沒什麼好怕的，砍頭碗大一個疤，十八年後又是一條好漢。」這句話聽起來似乎是相信有來生，事實上，說這種話的人不僅不懂因果，也不知道人身的難能可貴。在六道眾生之中，只有人的身體能做為修行工具，稱為「道器」。既然此生已經得到人身，已經聽聞佛法，當然要好好地運用人身來修學佛法。一定要相信此生若不珍惜修行佛法的機緣，一旦錯過當下這一生，將會萬劫不復。若說想要等到來生再修行，但是你能夠保證自己下一生仍然生而為人嗎？

我常勸勉禪修中的人不要怕腿痛，不要覺得腿痛很不是滋味，而應該感恩自己現在有兩條腿能夠盤腿修行，若是成了四條腿、八條腿的眾生時，便失去打坐的機緣了。也有人擔心腿如此地疼痛，打完禪七後是否還能行走？若是有這樣的念頭，那麼此身就已經算是荒廢了。禪七期間都無法念念分明、時時用方法，不顧一切地將全部生命投入，當你離開了禪七道場，還能有精進的機會嗎？唯有在禪七中努力練習克服種種困難，在你回到日常生活中，遇到種種境界現前時，就不至於倉皇失措，也會比較容易調整自心了。所以，一定要全心投入用方法，不浪費每一秒鐘；只要你一分一秒打了妄想，生命就少了一口呼吸，就流失了一段時間。

但是有人誤解「此身不向今生度，更向何生度此身」的意思，以為此生一定要證得阿羅漢果，若是無法證果，便對修行失去了信心。這種心態也是錯誤的。此生能解脫生死，當然最好，即使無法解脫生死，只要心念轉變，願心和信心堅固，這也就是得「度」了。

堅固的信心，一定是從修行的體驗中獲得，若是在一炷香的時間裡都無法靜下心來，修行的信心是不容易產生的，那你再次參加精進禪修的可能性就不大了；又因為對自己失去信心，只覺得打禪七是受罪，於是便認為只有傻瓜才會去受罪了。所以若是不知道要努力用功，就會斷了自己的善根和修行的因緣。如果無法提起信心，心中煩躁時，只要生起慚愧心，以懺悔心痛切地拜佛懺悔，心就能逐漸安定了。

（二）話頭的層次

話頭方法的使用因人而異，並非一成不變。話頭禪也有次第，雖然禪宗說頓悟，但是修行時是漸修而頓悟的，雖有頓修頓悟的人，卻非常少見。所謂頓修頓悟，是指不需要經過長時間修行，只要聽到一句話，或接觸某種狀況之後，所有煩惱立即脫落，這就是頓悟。在釋迦牟尼佛時期，稱頓悟者為「慧解脫阿羅漢」，表示他們見到佛時，只是聽到佛對他說一句話：「善來！比丘。」就立即證得阿羅漢果了，於是又稱「善來比丘」。

佛涅槃之後，還有沒有這樣的人呢？有。佛經記載，在無佛之世，有一種人不需要聽聞佛法，而是自己透過觀察，接觸到某種事物或狀態，突然之間開悟，這樣的人稱為「獨覺」或「緣覺」。但是有佛法時，這種狀況發生的可能性不大，甚至根本不會發生。在中國禪宗史上也有頓悟者，就是禪宗六祖惠能大師。當六祖惠能還是居士時，偶爾聽一位居士誦《金剛經》，當他聽到「應無所住而生其心」的經文時，立即開悟了。像六祖惠能這樣沒有人為其解說，只是聽聞佛經就開悟的，實在是少之又少。

漸修頓悟是正常的，因為漸修，所以參話頭也有次第，也有層次。參話頭有四個層次：第一個層次是「念話頭」，第二個層次是「問話頭」，第三個層次是「參話頭」，第四個層次是「看話頭」。雖然古代的祖師沒有提出念話頭的說法，但是有這樣的事實，所以我將它提出來。我所講「念話頭」的意思，是指參話頭，卻還沒有疑情生起，此時的狀況等於是在念話頭，也就是念一句話頭。念話頭能取代、化解雜念和妄想，使你當下有所寄託，進而清楚地知道此刻自己是在念話頭。

1. 念話頭

在什麼狀況下需要念話頭？當雜念、妄想很多，心非常散亂時，持續地念話頭，能產生如同持咒的功能，心會逐漸安定。持咒能入定也能開悟，但是念話頭與持咒不同的是，持咒是不斷地持，話頭則是念了一段時間，心逐漸平靜之後，自己會對所念的話頭產生疑問，譬如參「念佛的是誰？」時，話頭念得妄想愈來愈少之後，會產生疑問，想要知道念佛的究竟是誰？有疑問心產生，才是問話頭的層次。

2. 問話頭

雖然已經有疑問心產生，可能仍然有妄念出現而將話頭打斷，所以必須持續不斷、綿綿密密地繼續問話頭。若是問話頭問得毫無間斷，則是進入了參話頭的層次。

3. 參話頭

參話頭是進入大疑情，想要知道究竟是什麼？所以，參話頭是連綿不絕地一句接著一句，如泉水般源源不絕地湧出。此時不再注意身上的痛、癢、麻等感受，也不會注意環境中有什麼事，而是進入了話頭的疑情中。此時自己的身體是一句話頭，整個生命是一句話頭，全宇宙都是一句話頭，鋪天蓋地就是一句話頭，即使鳥叫聲也是一句話頭，話頭涵蓋了所有的一切。

古代禪師們經常說：「大疑大悟，小疑小悟，不疑不悟。」疑與悟到底有什麼關係？

疑情不是懷疑，而是絕對相信自己和諸佛完全一樣，只因為自己有煩惱，智慧心尚未出現，不清楚自己的佛心、佛性是什麼。因此，參話頭起疑情，實際上是要問自己和諸佛完全相同的佛心和佛性是什麼？尚未明白、清楚之前，稱為「大事未明」。所謂「大事」，指的是生死大事。為什麼生死是非常重要的大事？因為人不僅被煩惱的生生滅滅所困擾，還要受生死流轉的果報，亦即未悟之前是隨業受報，而隨業受報就是因為生死未了、大事未明，只有悟後才能自主生死。

因為「生死未了，大事未明，如喪考妣」，所以心情非常沉重，很希望知道答案，此時要抓住話頭，連綿不絕、持續不斷地問下去，讓「大事未明」的疑情逐漸形成疑團。疑情是自己製造的，疑團則像是被疑情包圍，自己在疑情之中而不是在製造疑情。此時，自己本身只有疑情，頭腦不會思考其他的事物，既無時間感，也無空間感。

進入疑團時不一定有話頭要問，而是感覺被疑情團團籠罩，有一種非常悶的感受。悶什麼？就是非常想要知道答案。禪宗形容在疑團的狀況下，如同置身於一隻從未剖開的悶葫蘆裡。在馬來西亞檳城有一位竺摩法師，他畫的畫非常好，字也寫得很好。他曾經送我一幅畫，畫中有幾隻葫蘆，葫蘆上畫了幾隻蟲，這幾隻蟲看起來不知道在找什麼，旁有題字——「打開悶葫蘆」。竺摩法師知道我在指導禪坐，於是送我這幅畫。這幅畫很有意思，深具禪意，畫中的幾隻蟲猶如參禪的修行者，想要打開葫蘆。「打開悶葫蘆」的主題，便點出了參話頭的人，要將自己的悶葫蘆打開，悶葫蘆未開之前是在疑團之中，打開後就是開悟了。

參話頭一定要有疑情，從疑情形成疑團之後，自己就像在一隻悶葫蘆裡，希望那隻葫蘆能爆炸並且粉碎，因為悶葫蘆粉碎後，便能見到自己的本性，這叫作

「明心見性」。也可能沒有經過疑團粉碎的階段而明心見性，但若是經過從疑情到疑團粉碎的過程，明心見性的力量就會相當強。「明心」是智慧心現前，「見性」是見到空性。有智慧，所以能斷煩惱，煩惱斷除，所以能見到空性。參話頭開悟之後，就會進入看話頭的層次。

4. 看話頭

禪宗所說的悟，不等於開悟之後，從此不再有任何心理上的問題，而是指一種見到空性和智慧現前的經驗。因為自我習氣和煩惱的根尚未斷除，仍然需要繼續用話頭。一句話頭一直參下去，看住話頭，保持開悟時明心見性的狀態，不斷地保持它、保養它和增長它，如同種下一盆花之後，需要每日照顧，為它澆水、施肥及給予日照。悟後需要持續看話頭的保任工夫，即是為了照顧明心見性後的心性，不再被煩惱所困擾與汙染。

二、態度

有人或許會覺得話頭雖然是非常銳利的金剛王寶劍，能夠破一切執、破一切魔，但是參話頭參了半天沒有答案，而且有答案出現都是錯的，那麼，還要繼續參下去嗎？

禪宗祖師以「蚊子叮鐵牛」的譬喻，來說明參話頭應該抱持的精神：蚊子叮咬人畜是為了吸血，若叮咬的是鐵牛，那就無血可吸，這實際上是形容參話頭要學習蚊子叮著鐵牛不放棄的精神，在同一個位置上不斷地叮著，不變換位置地一直叮下去。最後牛消失了，蚊子本身也消失了，再也沒有想要叮什麼，但是牛還在不在？在，只是對蚊子而言已經不需要了，因為叮到最後，蚊子自己死了。這是譬喻參話頭要破除一切執著，所以盯住一句話頭一直參下去，參到最後，話頭仍然是話頭，但是自我不見了，而這才是參話頭的目的。

（一）初發心的態度

無論是老參或新學，每次禪七一定要抱持初發心的態度來練習方法。所謂「初發心」，是讓自己像剛開始修行一樣，不管以往修行程度的好壞，最重要的是，從現在開始的每一個念頭、每一段時間都要用方法。禪修固然非常重視打坐姿勢和方法，但是，不是打坐時算不算修行呢？算，從禪七報到開始，一進入禪堂的環境後，就必須時時刻刻、分分秒秒照顧方法，而這個方法就是話頭。

以初發心的態度練習方法，不斷地告訴自己每一次都是新的開始，都是第一次，否則會經常和自己比較，比較昨日與今日的狀況，比較剛才與現在的差異；對於不好的狀況，感到沮喪或後悔，對於好的狀況，則起貪著或懷念，這都是將自己放在過去，而忘了現在正在用方法，老是在妄想之中患得患失，浪費時間。唯有不斷提醒自己每個念頭、每一炷香都是新的開始，不與之前比較，不判斷自己現在是進步或退步，回到初發心，只要現在用方法用得很安定、很清楚。所以，初發心的修行態度非常重要。

剛進入禪修期間，特別是精進禪七，身心狀況可能尚未適應、習慣，無法立即進入方法，心可能還在禪七道場之外，還未收回來，容易產生妄想，所以可能在禪七的前幾日仍然無法安心，因為方法用不上而六神無主。這只是平時缺少訓練，要對自己有耐心，不要因為身心調適的問題，即認定自己不適合修行。打起精神來，不要對自己失望，也不要懷疑方法，而且告訴自己：「我需要用方法，我需要修行！」

修行是一種逐步糾正、調整自己身心狀態的訓練，所以訓練時大多是痛苦、勉強的，若是身體感覺不習慣時，要用方法；觀念上不熟悉時，也要用方法，必須堅持自己現在所做是對的、是需要的，沒有人能勉強自己，將身心安住在修行的環境和方法上。唯有自我努力，心才能逐漸安定，方法才會熟練。如同穿新鞋，很少有新鞋一開始穿就是舒服的，大多數都需要穿幾天之後才能適應，修行也是一樣，因為沒有經常練習方法，才會感到不習慣，所以要勉勵自己去熟練方法。

（二）活在當下，全部身心用話頭

禪修的基本原則，是從當下一念著力用功。當下即是現在，而所謂「當下一念」，是現在用方法的這個念頭。現在諸位正在用的方法是話頭，因此無論你做什麼、置身何處，身心都要在話頭上，這即是當下。如果你東張西望、左顧右盼，或是思前想後，回憶剛才用功是否得力？是否有妄念？方法是對是錯？……，而這些都已經成為過去，所以只要有一念離開話頭，那你就不是在當下。

聽到風聲、流水聲、走路聲，或是見到有人在周圍時，只要清楚地見到就見到，聽到就聽到，但是不管它，不需要裝作沒見到或沒聽到，否則又是在胡思亂想。有任何身心狀況，無論知道與否，都不需要去注意和在意，即使當下房屋倒塌，仍然要繼續參話頭。在禪修期間，有監香法師、居士，以及外護義工的護持，不需要擔心房子會不會塌下來、身體狀況如何。除非是用功不得力，或用功用錯了，否則，身體是很平安、很安全的，你只管用方法就好了。

踏踏實實用話頭的時候，自己的全部生命就是一句話頭，當下的「我」是不存在的，若當下還有一個「我」，這就是雜念。

什麼是「用全部生命參話頭」？就是不注意身心狀況、不管環境狀況，將自己專注地、一心一意地參話頭，每個當下都只是一句話頭。若是參話頭時，聽到外面有聲音，你開始想：「剛才那隻鳥是什麼鳥？什麼是無？……這隻鳥還在叫，什麼是無？……這隻鳥飛遠一點了，什麼是無？」像這樣一邊參話頭，一邊摻雜了許多問題、雜念和妄想，都不是以全部的生命參話頭。將全部身心投入話頭，是每一個當下、是用功的著力點，也是「不思善、不思惡」。

在《六祖壇經》裡，內文有三處教我們如何「不思善、不思惡」。所謂「不思善、不思惡」，是要我們不思前想後，不攀緣自我的身心現象，以及外在的環境，不分別一切現象、狀況的好或壞，於此同時，什麼是本來面目？所以「未出娘胎前的本來面目是誰？」這句話頭，是從「不思善、不思惡」衍生而來的。但是，想知道未出娘胎前的本來面目為何，只有不思善、不思惡是不足的，還要在不思善、不思惡之時，參什麼是自己未出娘胎前的本來面目，這就是在當下，也是禪宗參話頭的根源。

其實參話頭沒什麼可怕的，「魔來魔斬，佛來佛斬」，不貪著、不追求身心的任何好狀況，也不害怕壞狀況，既來之則安之，將全部身心及生命都用在話頭上。所謂「投入全部的生命」，並非要你咬牙切齒、渾身繃緊地拚命，而是不管身體所發生的狀況，也不注意心裡有什麼雜念，只是單純地參話頭。不懂放鬆身心而參話頭，可能會出現精神上的問題，所以在參話頭之前，必須將身心全都好好放鬆。

（三）提起話頭就是修行

何謂修行？修行是修正偏差，修理不正確、有問題的部分，猶如會搖晃的桌椅，可能是少了一隻腳，或是缺了一根釘子，所以需要修理。一般人的心多數是雜亂的、散漫的，通常是想法偏差、方法不正確，所以需要修正觀念和方法。將偏差逐漸地修正，將不正確的轉成正確，將不習慣的養成習慣，就是修行。所以，當你發覺問了幾句話頭，心卻不在當下，是不是要對自己捶胸頓足？不是，只要發覺心不在話頭上，而是在打妄想時，就立刻提話頭，讓心回到當下。若是哀哀戚戚地感嘆自己業障重、煩惱重、妄想多、身體差，怎麼老是不在當下而在浪費時間的話，這是遇到了魔境，只要快刀斬亂麻，馬上提起話頭，妄念便會消失，然後繼續參話頭。

頭腦裡妄想紛飛是正常的，不可能完全沒有雜念，但是一有雜念，要立即提起金剛王寶劍，將它斬斷，這就是當下，也是在修行。若是一炷香的多數時間都在做白日夢，於是下一炷香就想：「算了！自己大概不是修行的料，等下一次準備好再來。」或是想：「自己這一輩子，大概不是修行的料，等下輩子修好再來吧！」這些心態都不對。現在當下你正有修行的機會，雖然一炷香可能只參了三句話頭，其他時間都在打妄想，但是發覺有妄想，不要懊惱，趕快提起話頭即是修行。

如果身體有些痛、癢的感覺，不要管它，只要沒有痛到冒冷汗的地步，是沒有關係的，仍然可以繼續用方法；身上有了一點小毛病，不要在意它，不要太溺愛身體，若是非常在乎自己有一點不舒服，有一點頭痛或腳痛、背痛、身上發癢等，會讓心不安，那你就不在當下。當下，一定是在用方法的當下，離開方法即是妄念。

剛開始一定是在練習階段，不斷練習即是修行。你若是不在當下，就不是在修行，但是發覺自己不在當下之時，立即提起話頭用方法，那就又回到了當下，又是在修行了。

（四）心念隨時隨地安住於方法

有許多修行者其實不清楚、也不承認自己有許多妄想和欲望，反而認為這是自己的抱負、自己的悲願宏志，因為欲望和悲願難以分辨。

有人問我：「法師，您的生涯規畫是什麼？」我說：「我的生涯規畫，是做一日和尚撞一日鐘。」他又說：「這種生活多無聊啊！每天都在撞鐘。」我反問他：「每天都要吃飯、上廁所，也會無聊嗎？」人生的過程要踏踏實實地走，在什麼位置就做什麼事。因此，我只要將和尚的角色扮演好，凡是和尚能做的、應做的，和尚能說的、應說的，和尚能想的、應想的，都盡力而為，這就是我的生涯規畫。若是我的所做、所說、所想，都不是和尚應該說的、做的、想的，那就違背了我的生涯規畫。也有人問我：「師父，您希望法鼓山變成什麼樣子？」我說這一切都是因緣，因緣好，法鼓山會辦得非常好；若是因緣不成熟，我無法預知會變得如何，我只是隨著因緣，走往自己的方向。

世間事是無常的，能掌握的只有現在，所以需要不斷地以初發心把握現在，腳踏實地做好現在能做的。對於未來可以計畫，但計畫要考量現實狀況，若是不切實際或當下沒有因緣實現，便不去想它，如此就能少煩、少惱、少痛苦，這即是懂得運用佛法。否則，總是在幻想、妄想、欲望之中生存，痛苦不已，卻自以為是大悲願無法實現，而抑鬱終生，這不是真正的佛法。佛法是讓我們明瞭一切都在因緣之中，但不表示等於束手待斃，因為因緣包含主觀和客觀兩種條件，無論主、客觀條件都是可以改變的，只是改變的幅度有大有小。

參話頭時，當下要把握的，是隨時隨地將心安住在話頭的方法上，抱著一句話頭不斷地參。不要自己給答案，而是向這句話頭找答案。因為不需要思考，只是持續地問下去，所以是非常輕鬆的。如果心處於混亂、散亂的狀況，便回到數息或念佛，等心比較安定，不那麼浮躁時，就可以開始參話頭。

從此刻開始，便要下定決心好好用方法。生命很有限，一定要珍惜，所以要隨時隨地保持心念處於修行的狀態，也就是隨時隨地參話頭。吃飯、走路、睡覺，心繫在話頭上，話頭不離心、不離念，如此用功，一定能有很大的收穫。

佛經裡有個寓言故事是說，有位國王想要試驗看看，人在面臨死亡邊緣時的心力如何，恰巧有一名死囚即將處決，國王因此告訴死囚，若是能夠通過考驗，將有機會免除死刑。死囚為了保住性命，所以答應願意嘗試這項考驗。於是，國王交給死囚一個裝滿油的缽，要他捧著油缽通過一條很長的路，過程中若是有一滴油漏出來的話，當場就立刻執行死刑；如果能夠抵達路的盡頭，而缽中的油一滴都沒有漏掉，就算是通過考驗，可以免除死刑。

接著，死囚開始捧著油缽上路了，一路上，他遇到拿刀要殺他的人、遇到對他大聲咆哮的人、遇到毒蛇猛獸，還遇到美女及錢財，雖然一路充滿誘惑、刺激、恐嚇或威脅等各種狀況，但是他為了性命，心無二念地捧著油鉢，不管路上發生任何事，他的每一步伐都非常小心翼翼，仔細地照顧著鉢，一步一步往前走，一心專注地守護油鉢，結果當他即將到達終點時，他開悟了！於是他將整個油鉢丟掉，表示自己已經不再害怕死亡，可以接受死刑了。當國王知道以後，反而免除了他的死刑。

若是在參話頭時，能有即將面臨死亡、面臨無常大鬼隨時會取走性命的警惕心，還能不珍惜每一個用功的機會嗎？還會不好好用心地參話頭嗎？

參、進入話頭禪法

雖然參話頭能使我們開悟，但並非一開始參話頭就準備著開悟，而是要從自己所知的禪修基礎方法開始。首先最基本的要求，是有正確的坐姿，之後要懂得如何調呼吸、如何不讓念頭散亂。這通常是從數息或念佛入手，直到心比較安定、雜念比較少的時候，才提起話頭不斷地參下去。

一、要領

參話頭時方法是否得力，因人而異。有些人一開始即可用上話頭，有些人則需要從數息、念佛入手，之後才能用話頭。正在用話頭的過程中，也可能因為心力、體力，或是方法不得要領，結果產生散亂、妄想或煩躁，因而無法用話頭，若是出現這種情形，便要回到數息或念佛，但是不要變換方法，一下數息、一下念佛，最好數息就專門數息，不要念佛；念佛就專門念佛，不要數息。

隨息和數息

首先將身體的姿勢坐正，不彎腰駝背。接著讓身體、頭腦、眼球全部放鬆，眼睛最好閉八分、睜兩分。如果張開眼睛，心念會有散亂的情形，可以將眼睛閉上，但若是閉上眼睛會昏沉，那還是睜開眼睛。之後，將注意力放在呼吸從鼻孔出入的感覺上，這是「隨息」。

隨息時，如果會昏沉，或是腦中有雜念出現的情形，可以改用數息法，也就是數自然的呼吸，並且只數出息而不數入息。當每一口氣呼出的同時，數一個數目，吸氣時則不需要數，但是讓數字繼續維持到下一個呼氣的數字為止，依此類推數到十，再從一開始數起，這是「數息法」。

念佛法

如果數呼吸會注意或留心呼吸，致使控制呼吸而發生障礙，可以改用念佛的方法，也就是念「南無阿彌陀佛」。

念佛非常有用，方法是每念一句佛號就數一個數目，念十句佛號數十個數目，然後再從頭數起。數數念佛不要配合呼吸，也不要想像阿彌陀佛的形相，心中可以有數數的聲音，但是不去想像數字的形狀。

（一）參話頭的方式

話頭禪的方法非常單純、簡單，即是以一句話頭，破除心中所有雜念、妄想，直到破除一切執著。話頭不僅像金剛王寶劍無堅不摧，又像一座活火山，即使執著、妄想如雪花般濃密，遇到火山口仍然是消融於無形，甚至連雲霧也都能化掉。

1. 緊的方式

參話頭的方式有緊有鬆。以緊的方式參話頭，必須身體和精神狀況良好，而且方法能用得上。

以緊的方式參話頭，像是拿一把大鐵鎚，鎚一塊從無始以來逐漸累積而成的冰。所謂「冰凍三尺，非一日之寒」，這塊冰太大、太堅固，需要一鎚、一鎚不斷鎚下去；將冰塊逐一鎚碎，直到整塊冰不見了，仍然持續鎚下去，最後連水、水氣也都會消失。要說明的是，鎚冰塊只是一種形容，腦海中不要想像著有鐵鎚和冰塊的形相。

所謂「緊」，是指身體姿勢坐正，不擔心身體不舒服和疲累，不思前想後，也不管方法用得如何，只管現在參話頭。在精神上，則是對自己充滿信心及精進心，奮不顧身抱住一句話頭不斷地參，將全部生命力量都投注於一句話頭上。這句話頭不僅是此世生命一切能量、心力和體力的總合，也包含從無始以來所有業力、願力，和所有因緣果報。

天台宗說「一念三千」，現在的這一念雖然是虛妄的，但是這虛妄的一念，包含無始以來所有的功德和罪惡。將無始以來一切因緣果報、功德罪惡，都以一句話頭將其粉碎，這就是參話頭的功能。一句話頭能將一切罪業消除，也能成就從因至果的一切無漏、無相的功德。如此用功，很快便能妄念不起，散心不現，昏沉不發生。

緊的方式雖然容易著力，但是體力不好，有心臟病、高血壓，或是有一點神經質的人，不宜用緊的方式來參話頭，可能會引起問題。如果身心健康，恰好使用緊的方法，唯一的忌諱是用頭腦思考，並且不能配合呼吸及脈膊跳動來參話頭。

2. 鬆的方式

以輕鬆方式參話頭，身體仍然要保持正確姿勢，然後慢慢地、輕輕地問話頭。每問一句話頭，就將疑問持續到問下一句話頭而不起妄念，心是在等待得到答案而無妄念，一句話頭接著一句話頭，心就像是個放在活水源頭下的容器，輕鬆地，不需緊張或費力，只是等著流水涓涓而下，只要容器不移動，水自然會流進容器裡。若是生起妄想，就等於將容器打翻而無法蓄水。

一心等待得到答案的狀態，又可以「用扇捕羽」來形容。想要以扇子捕捉在空中飄動的羽毛，不能用力揮扇子，愈用力搧，羽毛飄得愈遠；動作愈大，羽毛飛得愈高，永遠抓不到。最簡單的方法，是扇子輕鬆地隨著羽毛移動，當羽毛飄落扇中，只要輕輕托著羽毛，就能讓羽毛貼著扇子慢慢地移動了。

輕鬆的方法，不需要用太大的氣力，但也需要投注全部心力，無論是用扇捕羽或是以容器接水，都需要耐心和細心。要注意的是，以容器接水的譬喻，是要拿著容器持續等著盛接流水，若是將容器放在地下，自己先離開做其他的事，想要等容器盛滿水之後再取，這就是心念又打妄想去了。用扇捕羽也是如此，捕捉羽毛之後，不能將扇子和羽毛放下，而是要讓扇子在移動時，羽毛仍然是在扇子上面不動，這就需要持續用功及用心了。以輕鬆方式參話頭，即是持續不斷、綿延不絕地只是用方法，話頭句句分明，字字清楚，妄想雜念不起，工夫自然逐漸成片。

（二）話頭的正確問法

有人會問，參話頭時問「什麼是無？」，是不是可以反過來問「無是什麼？」；問「未出娘胎前的本來面目是誰？」，是不是可以反過來問「誰是未出娘胎前的本來面目？」；問「拖著死屍走的是誰？」，是不是可以問「是誰拖著死屍走？」；問「念佛的是誰？」，是不是可以問「是誰在念佛？」。

舉例來說，「什麼是無？」這句話頭的重點是問「無」，若是反過來問「無是什麼？」問的重點就落在「什麼」，這便容易陷入思考、猜測，或是要求解釋和說明了，這是不正確的。應該是期待著這句話頭給答案，而不是解釋、說明、思考「無」。「無」是無法思考，無法解釋，無法猜測的。

而「念佛的是誰？」和「誰在念佛？」雖然在解釋上相同，但是，祖師所告訴我們的方法，一定有它的道理。「念佛的是誰？」問的是法身理體，與諸佛相應的是什麼，若是問「誰在念佛？」則是圍繞著自我中心與執著分別心，是將執著煩惱的自己，當成問的對象，如此一來，不僅話頭沒有力量，也會被自我中心套牢，脫離不了自我中心的困擾。所以正確、標準的用法是「什麼是無？」、「念佛的是誰？」、「未出娘胎前的本來面目是誰？」、「拖著死屍走的是誰？」。

至於參話頭時，一定要將話頭裡所有的字念出來嗎？剛開始念話頭、問話頭的時候，一定要參完整的一句話，等到工夫非常綿密，從疑情進入疑團時，全部的生命進入了話頭裡，被話頭包圍，此時有沒有念這句話頭就不重要了。但若是不念、不問就沒有著力點時，還是要再提起話頭來。

1. 認定一句話頭

選定一種話頭之後，就要抱定一句話頭一直參下去，不要更換。若是這炷香參「念佛的是誰？」，下一炷香參「未出娘胎前的本來面目是誰？」或「拖著死屍走的是誰？」，再下一炷香又參「什麼是無？」，如此不斷地換話頭，是無法專注一意的，這是雜修，而雜就會亂，一亂即無法使方法得力。這好比愛情不專一，今天找個對象，明天卻換另外一個，後天又換一個，這樣的愛情一定問題多多、煩惱重重、糾纏不清。

不要認為只用一種方法，或是一直念同一句話會無聊、會單調，有這種感覺產生，是因為心不在當下，在參話頭的同時，也想著其他的事，結果這句話頭反而成為妄想的累贅，所以話頭才會變成無聊的一句話。沒有好好地參話頭，卻讓話頭成為干擾妄想的妄想，這是非常糟糕的！因此請諸位選定一句話頭之後，便一直用下去，時時、刻刻、處處都參同一句話頭。

2. 單提向上──觀、照、提

話頭的方法非常單純，只有一句話頭，不需要思考其他的問題，禪宗稱之為「單提向上」。所謂「單提」，是只要提起一句話頭，不必思前想後，也不需要分析研究這句話頭；「向上」則是向上一著。向上一著是明心見性、是無上菩提心、是發阿耨多羅三藐三菩提心。已經見到無上菩提心的本性是什麼，也就是見到了佛性是什麼，叫作「向上一著」；若是執著煩惱、自我、分別心，就叫作「向下一著」。向上一著是進入第一義諦，向下一著則是進入第二、第三，甚至進入第四義諦了。

第一義諦是一實相印，是脫離言語、文字、思想，是「不可思，不可議」、

「離四句而絕百非」的境界。所謂「四句」指的是：「正，反，反反，反反反」。以現代的邏輯而言，「正，反，反反，反反反」是相同的一件事，也就是說，無論從正面、從反面解釋是錯的，從正反兩面一起解釋也是錯的，所以是不可思、不可議，而不可思議就是向上一著。

向上一著既非有相，亦非無相，而是「非有相，非無相，非非有相，非非無相」。一般人經常處於第二義諦，或是第三、第四義諦之中，經常是向下一著，即使是在打坐參禪時，也是如此。所以要提醒自己，提起話頭是為了向上一著，在向上一著裡，沒有是非好壞，沒有善惡、大小、多少，是不可思議的境界。

若是覺得自己已經有所成就，覺得這炷香坐得很好，大概達到了某種境界，這是向下一著；若是坐得很煩躁、很苦惱，也是向下一著。凡是心中起分別心，都是向下一著。許多人經常是往向下一著去，一句話頭提出來，便與妄念混雜不清，一受到妄念干擾，便生起厭惡；沒有妄念時，則沾沾自喜，以為已經沒有妄念，就是有了境界，這都是在向下一著的範圍裡兜圈子。單提向上提不起，向下一著卻很快，眾生真是非常可憐！

遇到任何狀況、心中生起任何念頭，要立刻提起話頭。以思辨的方式參話頭，不僅方法不容易得力，也是向下一著。因為思辨是以自我中心來做解釋，並沒有離四句、絕百非。還未脫離自我中心，就稱一切法是佛法，一切相是實相，那麼殺人、放火、偷竊或造口業也算是做佛事嗎？五逆十惡，也是如來的功德嗎？在無法離我執以前，說實相是一切相，這是絕對錯誤的顛倒見。

要好好地用方法，不管過去，不擔心未來，不在乎有雜念妄想，不要求每一念都是好念，也不要求姿勢必須坐得四平八穩，重要的是念念都繫在話頭上。該如何念念將話頭提起呢？有三個非常簡單的方法，就是觀、照、提：「觀」，是用話頭的方法；「照」，是知道自己在用方法，然後加上渴望著、期待著話頭發生效果，因為不知道會發生什麼效果，所以繼續再問；當自己忘掉了、離開了方法，馬上將方法提起來，則是「提」。

3. 身心放下、方法綿密

參話頭時請不要自我菲薄，認為自己一開始只是念話頭就好了，或是自己大概只能念話頭。不能有這種心態，要一開始就發參話頭的心。

雖然念話頭對產生疑情有幫助，但念話頭只是問話頭的第一步，僅僅是停留在念話頭，而沒有想要、希望知道答案，就不會有疑情。這只能算是靜坐的一種，並不是話頭禪，而且時間久了，會感覺是在念一句毫無意義的話，非常無聊。但是問話頭時，對話頭已經產生了興趣，希望能問出答案來，所以不會感到無聊。

因此，話頭禪至少要進入問話頭的階段，因為問話頭存有疑情的成分。想要、希望知道答案，連續不斷、一句一句地問話頭，清楚知道自己在問，然後期待答案，但是不要想像或揣摩答案，因為有任何答案出現都不是答案，所以要連續不斷地問。問的時候要懇切、持久、不間斷，話頭猶如環扣一樣，一環一環地扣緊著，話頭與話頭之間沒有其他雜念。若是因為沒有答案而失望，或停止參話頭，等於是將已串起的環扣全部散落，前功盡棄；一定要連貫持續地問下去，一氣呵成，這樣疑情才會形成。武俠小說中，常常形容武功高強者在舞動刀劍時，因為工夫綿密，所以是連一滴水都潑不進去的，而問話頭也要有如此滴水不漏的綿密工夫。

方法要綿密、懇切，但是心情不能急，也不能緊張，如果心中著急，容易造成精神上的問題。臨濟宗參話頭的方法稱為「逼拶」。所謂「逼」，並不等於緊張，而是用話頭將自己的雜念、妄想、偷心、煩惱心、貪著心和分別心逼到無路可走，沒有進路也無退路，但是目的並非要對抗散心、雜念，而是要將話頭用得綿綿密密，達到刀槍不入、潑水不進的程度，自然會進入疑團。如果話頭一放鬆，很容易產生妄想，只要一念妄心起，便不在話頭上，這時要趕快回到話頭上。什麼是「一念妄心」？受到身心種種狀況打擾，即是妄心。

要提起話頭，必須先放下身心。若是身心放不下、方法提不起，就無法有疑情，更無法見性。思前想後，是放不下心；在身體的感覺上打轉，則是放不下身體，這兩樣東西放不下，話頭無法綿密，話頭不綿密，疑情便不會連貫，也就不容易進入疑團。當下全部的生命就是一句話頭，死心塌地的只有一句話頭，否則，一直在思前想後、人我是非或利害得失之中打轉，即使得到了些許的心裡寧靜，也只是靜坐，與明心見性無關。

二、疑情

參話頭需要有疑情產生，若只享受身心的舒適、平靜，貪著無雜念的狀態，以為自己大概入定了、快要開悟了，所以不需再參話頭斬雜念，參了反而累贅、囉嗦，最好不要參了，這種想法是遇到了懶惰魔，閩南話說「懶屍」——懶的死屍。不知提起方法，就像插了一根枯樁；身不動、心也不動，不算是枯木，不知道要用方法才是枯木。有話頭就不是插樁，用話頭就不是枯木。參話頭一定是不斷地參，不注意自己是否仍有雜念，即使沒有雜念，仍是要繼續參下去。

（一）疑情是參話頭的著力點

疑情不是懷疑，而是堅信自己一定有個未出娘胎前的本來面目、一定有個無性的佛性、堅信自己一定能達到明心見性的境界。為什麼相信一定有本來面目、有佛性？因為自己經常被環境影響而起煩惱，經常前念與後念矛盾衝突，而這就是無明。因為沒有智慧，所以無明，見不到自性和本來面目，所以要相信一定有個本來面目，而自己現在正處於無明煩惱的殼中，而且這無明煩惱的殼相當厚，想要衝破、粉碎無明煩惱的厚殼，就必須以疑情為著力點。

剛開始念話頭時，話頭是著力點，產生疑情之後，就要以疑情為著力點，而將話頭當成工具。參話頭若是無法產生疑情，只是在念話頭，也就是只有工具，沒有疑情，那參話頭便沒有了著力點，成了所謂的「冷水泡石頭」、「插樁搖櫓」。

什麼是「冷水泡石頭」？意指光是不斷地念話頭，可能心裡因此非常寧靜、安定，好像沒有什麼雜念、妄想，甚至身體負擔的感覺不強或似有若無，感到自我安全地沉浸於寧靜的享受中，心中非常貪戀這種寧靜。事實上，這種狀況只是一種靜坐而已。此時，話頭成了習慣性的一句話，如同冷水一般，沒有力量消融堅固的自我中心。

何謂「插樁搖櫓」？從前有一種小船需要依靠人力搖櫓，才能使船前行。如果在地上打根樁，將船綁在樁上搖櫓，船仍然會停留在原地。「櫓」指的是禪修的方法，不動的「樁」指的是自我，而自我就是煩惱、罣礙、束縛和無明。「插樁搖櫓」是指念話頭只能將心圍繞、寄託在方法上，雖然也是在用功，但是自我仍然很堅固、清楚地存在，而無法化解或減少。禪修的目的是為了明心見性，要明心見性就要化解自我，所以，「插樁搖櫓」或「冷水泡石頭」的用功方式，與禪的修行不相關，也不相應。

1. 製造疑情的條件

製造疑情的條件有：⑴參一句話頭；⑵清楚知道自己在參這句話頭；⑶現在雖然不知道話頭最後的功能是什麼，但是堅信一定有功能，而且堅信不斷地問，一定能得到答案，如同蚊子叮鐵牛，雖然毫無味道，但仍是不斷地叮下去。

海倫．凱勒從小是個盲人，有許多人告訴她自然景物的顏色和形貌，雖然是聽他人轉述，自己沒有見過，不過她相信這個世界是有光明的。因此她曾經說，假如上帝能讓她的眼睛看一下這個世界，就感到非常滿足了！這好比我們自己尚未見到自性之前，早已聽說有自性、有佛性、有明心見性這些事情，但是自己未曾親自體驗。可能體驗得到嗎？可能，而且比起海倫．凱勒希望見到光明而言，還要容易達成。因為海倫．凱勒復明的機率相當渺茫，而佛性、本來面目是天生具有，只要不斷地努力修行，一定能親自體驗，所以，要非常懇切地訓練自己產生疑情。提起話頭能減少煩惱，提起疑情能減少更多煩惱，所以一定要提起疑情。

2. 疑情起自生死心切

疑情不是他人給予的，是要由自己產生。產生疑情的過程，就像是置身在一間已經失火的房子中，門窗不僅關著，而且不知道自己身在何處。若是想要活命，就要利用僅有的時間逃生，但是卻根本不知道門在哪裡？如果此時只是不斷地問：「門在哪裡？」─而沒有實際尋找的行動，就會坐以待斃。想要知道門窗的位置，就已經具備了想從火宅奪門而出的心理，但是因為不知道門在何處，所以需要付諸行動去找門。找門時不能心慌，否則可能很快便會放棄尋找的動力，或是即使摸到門，也不知道這就是逃生口。心情保持冷靜，採取地毯式搜尋行動，不僅要綿綿密密、一絲不苟地搜尋，還要非常積極地搜尋，因為時間有限、生命有限。這是譬喻要產生疑情，必須先放鬆身心，並且非常懇切、綿密地用方法，不能懈怠，如此才能摸到進入疑情的竅門。

疑情的產生，一定與生死心相應。生死心不迫切，方法不會綿密；方法不綿密，疑情無法生起；沒有疑情，參話頭就沒有著力點。所謂「生死心」，是指不明瞭生從何來、死往何去。因為有妄想、分別、執著等種種煩惱，致使眾生在生死之中不得自在，又稱「生死未了」。

能知道自己何時出生，卻無法預知何時會死，而在即將面臨死亡時，又該如何？修行的因緣是一閃即過的、是無法掌握的，既然此生有因緣接觸佛法、修行佛法，便要投入全部的身心，生死心切地把握因緣努力修行。人的生命十分有限，哪裡還有時間享受寧靜、安樂和舒服？若將享受寧靜、安樂、舒服的清修當成修行，這真是愚癡。生死心切，才會想知道本來面目是誰？念佛的是誰？拖著死屍走的是誰？什麼是無？如此才會產生疑情。

無法產生疑情與兩種情況有關：一種是心態的問題，另一種是對疑情的認知不清楚。心態問題很重要，通常會有下列幾種：一種是心態上根本不想知道話頭的答案，所以不會產生疑情；另一種是不相信自己有參話頭的能力，沒有迫切認為自己真的需要見性，或是認為這次不見性沒關係，以後還有時間慢慢來。如果有這些心態的話，就無法產生疑情。要產生疑情沒有捷徑，端視自己願不願意依照方法練習。話頭是心法、見性之法，不是自己沒有能力見性，而是缺少見性的意願。要將話頭視同生命一樣重要，在尚未得到答案之前，不應該有時間想其他的事，只要懇切地將整個生命投注下去，疑情很快就會出現。

沒有人能保證自己今天活著，明天依然還會活著，因為隨時隨地都可能面臨死亡。已經擁有生命，便要珍惜地運用這個人身來修行，一旦失去人身就等於失去了參話頭的著力點，何時還能擁有這樣的修行道器就不得而知了，所以需要非常懇切、非常急迫地參話頭。只要現在有一口呼吸，便要把握這口呼吸來參話頭，分秒必爭、踏實用功，這就是生死心切。即使年長的人，也要以全部的生命精勤修行。修什麼？修福德智慧行、修慈悲行。

淨土宗有一種念佛方法，是以一口氣來念阿彌陀佛。在念佛的當下，便準備著下一念沒有呼吸了，猶如搭乘的船即將沉沒，生命隨時會消失，因此當你仍然有一口呼吸時，懇切地念阿彌陀佛、阿彌陀佛……，期待、懇求阿彌陀佛的接引，這就是生死心切。淨土宗第十三祖印光大師，更在自己房裡寫了一個大字——死，因此，無論參禪、念佛，一定要將生死放在心上，不要認為：「反正還沒老，怎麼會死？臨終前再參話頭或念佛往生西方就行了，現在還早得很哩！」這種想法是一種偷心，以這種心態參話頭，是絕不可能產生疑情的。要生起疑情，一定要和生死心連在一起。

3. 疑情即是願力

疑情是堅決想要知道的懇切心，就像一隻雛鳥在蛋殼裡，不知道蛋殼外面究竟是什麼？也不知道蛋殼有多厚？但是要尋找缺口，用全部的生命破殼而出，否則便會死在蛋殼裡。

參話頭的力量與死後的前程，有相當密切的關聯。若是生時不努力修行，死後可能成為毫無目標的遊魂；若是全心用方法，死前雖無法開悟或見性，但是修行的力量會持續下去，這是一種願力。參話頭引起的疑情，是希望得到答案，而這就是願力。求生西方是一種願力，用話頭時不是求生西方，而是有破殼而出的願心，這樣的願心能引導自己持續往破殼而出的方向去，所以即使沒有開悟，修行的工夫並沒有白費。

（二）疑情的保持與增強

如何增長疑情的力量？將妄念轉化為即將面臨死亡的懇切心，妄念就會愈來愈少，參話頭的工夫才會愈來愈綿密；只要想求得答案的心愈來愈強，疑情的力量就會增長，疑情保持的時間也會拉長。

持續不斷、保持懇切的心問話頭，不去思考自己現在的狀態是疑情或疑團，也不去想像自己是否由疑情進入了疑團，好像是從一層階梯爬上另一層階梯，更不要自認為現在的階段是疑情，下一步準備要進入疑團去了，若是有這些想法，都是妄念。疑情和疑團只是名相，參話頭時不要去分別自己的工夫是深或淺、是強或弱，而是綿綿密密地將全部身心投入在當下的一句話頭，不斷地參，抱著一定要得到答案的決心一直參下去，自然而然會進入疑團，參話頭的力量也就會愈來愈強。

（三）從疑情進入疑團

不斷地問話頭，就像將空氣不斷地注入氣球裡，這顆氣球才會愈來愈大，若是為氣球灌氣時，灌一下就放掉一下，這顆氣球永遠無法飽滿；相同地，問話頭的心不懇切，問一下就休息一下，話頭的力量會無法連續和連貫。為了不使參話頭的力量減弱，必須持續不斷地問，但是也不要問得太快，否則會心跳加速、呼吸急促。以綿密的方式問，心中沒有想其他事的空隙，呼吸是自然進出，而念頭是不間斷的，這樣在不知不覺中，就會由疑情進入疑團。

疑團維持的時間及力量有長短、大小之別。疑團力量小，時間很短，可能只要聽到環境裡有一些聲音，疑團便消失了。有些疑團的力量能維持數個月、有些維持好幾日、有些維持幾小時，若是只維持幾分鐘，不算是進入疑團。真正地進入疑團，會達到視而不見、聽而不聞、食而不知其味的程度。「視而不見」是指見到了任何事物，心裡沒有分別；聽到聲音，也不會分別是什麼聲音？好不好聽？是誰的聲音？這是「聽而不聞」。走路照樣能走，但是心中沒有「走在哪裡？這是什麼路？」的念頭；吃飯也是自然地吃，習慣性地吃完了，究竟吃了什麼？好不好吃？全都不知道。自己完全被疑情包圍住，自己就在疑團裡。

譬如來果老和尚的修行過程中，有數個月的時間在行腳，同時也在參話頭。天亮時知道起身，起身之後知道要背著行李，知道向人托鉢；晚上時知道要睡覺，就夜宿屋檐下、樹下或土地廟裡，若是沒有地方休息時，便於路旁睡下。他日以繼夜、夜以繼日地參話頭，即使睡覺時也在參話頭，如此綿綿密密地維持好幾個月，疑團的力量很強。

有一次來果老和尚在高旻寺過堂，因為他正處於疑團中，聽而不聞、視而不見、食而不知其味，動作也比較遲緩。維那見他拿了碗，整個人卻呆呆的，以為他是裝模作怪，於是當場打了他一個耳光，致使來果老和尚的疑團不見了，並且還岔了氣，身體很不舒服。因此他發願，如果自己當上方丈，就要規定在過堂吃飯時，不准打耳光。

要進入疑團，方法一定是綿綿密密，不顧前後，不顧旁人和環境；不管吃的是什麼、走在哪裡，無論何時，只顧自己當下的這一句話頭，那麼話頭的力量一定會增長，一定會進入疑團。疑團必須從疑情產生，從而粉碎疑團。疑團粉碎時可能會有三種狀況：一種是見性、一種是徹悟、另一種什麼都不是，端視疑情力量的大小。

也許有人認為自己已經打坐了幾天，怎麼仍無疑情的訊息？方法是否沒有效果？或是念頭一動，覺得自己現在身體狀況不佳，滿疲倦的，能用功嗎？只要有這種比較心或分析的態度，就會感到沒希望了，方法更是無法得力，猶如一顆洩了氣的氣球，即將墜落一樣。

克服的方法是不斷地加溫，持續地只管用方法，答案一定會出現。但是不管它何時會出現，自己當下的責任和任務，只是單純地提起一句話頭，任何身體上、心理上或環境狀況發生，只是提起話頭，否則，身上稍癢或稍痛，就抓一抓、摸一摸，不然就是擔心哪個地方痛的話該怎麼辦？這些念頭都是在打妄想。安心的方法，就是任何狀況發生，即單提一句話頭，也就是單提向上一著。

三、兩種輔助的方法

如果念話頭已經能很快地讓心沉靜、穩定，但是卻沒有強烈的希望或期待要得到答案，疑情不強，疑團不會形成。若是持續這種狀況，那你是在休息，不是在用功，只是冷水泡石頭。此時，可以用「空觀」，亦即「中道觀」，或者是「放捨萬緣」兩種方法來做為輔助。

（一）空觀

首先，讓心處於明和靜的狀態，不執著也不貪戀。此處所說的「明」不是光明的意思，而是心裡非常清楚，明明朗朗，不暗鈍也不迷糊；「靜」是不動搖的意思。非常清楚自己沒有雜念妄想，也非常清楚自己的心非常安定、安靜，就是明和靜。但是，若無輔助方法，可能經常守著明和靜的狀態，這樣最多進入次第禪定，而無法與大乘禪法的悟境相應。所以，必須知道何謂「空」、何謂「中」。

空和中事實上是同樣的。空，不等於沒有；心中明白清楚，不是空，而是有。不執著、不攀緣、不依賴、不貪戀明和靜的境界，而將心住於無所住的狀態，這就是《金剛經》所說的「應無所住而生其心」。一般人達到明和靜的狀態，會出現追求心，覺得自己住於明和靜很快樂、很舒服、很自在，有這些心境出現是「有所住」；「無所住」是指心清楚有明有靜的境界，但是不覺得自己很歡喜、很有成就感，這就是空觀。

「中道」的意思，是既不住於中間，也不住於兩邊。所謂「兩邊」，譬如以明靜和散亂來說，散亂出現時，要運用方法對治，而明靜狀況出現時也不貪戀，這叫作不住於兩邊。不住於中間，是指心中不執著任何一種境界。有人會誤解，以為不住於中即是只住於空，但住於空也是錯的。空，不是心中什麼都沒有，也不是空空盪盪的狀態。那麼不住於中間，也不住於兩邊的「中道觀」究竟是什麼？事實上是無法解釋，也無法說明的。譬如，當你游泳時，自己並不是一直停留在中間的水面上，是要將水不斷地往身體兩邊划出去，而水始終是從身體的上下左右滑過，不會去執著哪一邊的水是你的或你所喜歡的，只是一直往前划，這即是類似中道觀的修行方法。

如何將中道觀運用在話頭禪上？譬如參「什麼是無？」時，每參完一句「什麼是無？」就將話頭放下，然後繼續參「什麼是無？」，參完之後再將話頭放下。放下話頭不是休息無事，而是仍然持續地參話頭，但是心中沒有要追求什麼，也不安住於什麼之上，只是參一句話頭便放下話頭，不管是否有雜念，只是持續地參下去。雖然此時沒有疑情，但是心中也沒有留下種種妄想或執著。不留下任何東西，話頭成了工具。這是第一個步驟。

第二個步驟是持續不斷地參話頭、放下話頭，逐漸地，已經不需要或念不出、問不出整句話頭，而是一直讓話頭過去，有什麼經驗就離開那個經驗，最終話頭消失了，心仍不住於任何一境——不住於明，也不住於靜，但是不離開明，也不離開靜，明明朗朗、清清楚楚，不斷放下。

即使無法產生強烈的疑情，能夠將中道觀的修行方法練習好，在日常生活中，當你遇到歡喜或討厭的境界出現時，就運用提起話頭、放下話頭的方法，凡是當下無法處理的問題也都放下，心就不容易受影響，而能適當地處理問題。

但是，若是疑情已經非常強烈，疑團也已經非常有力量，就要持續在疑情或疑團之中，而不要使用中道觀的方法。

（二）放捨萬緣

當參話頭無法生起疑情，或疑情的力量不強時，那就放下話頭，讓你的心不住於前也不住於後，不住於有也不住於無，有任何念頭出現，就終止那個念頭，並告訴自己：「這個念頭不是我要的；出現寧靜的念頭，不是我要的；出現光明境的感受，也不是我要的。」任何一種體驗、狀況發生的時候，或是心裡有任何念頭生起時，馬上告訴自己：「這不是我要的。」不斷地捨、不斷地放下，直到心中非常寧靜、安定，最後，連「不是我要的」這個念頭也放下。之後，清清楚楚地知道，沒有任何一樣東西是自己要的，這叫作「放捨萬緣」。

不僅心內、心外的任何境界，以及苦、樂、憂、喜、捨等種種觸、受，都不是我要的，連自我執著、自我中心都不是自己要的。放捨萬緣，捨到最後沒有東西可捨，不捨壞，不捨好，這又回到了《六祖壇經》所說「不思善、不思惡」的方法上。事實上，「放捨萬緣」和「不思善、不思惡」的方法是相同的。

「放捨萬緣」的前提是一定要等到心很寧靜、安定的時候才用得上，如果心尚未安定，還是提起話頭。如果有疑情產生，似乎也有疑團，而這正是參話頭所需要的，就不能捨了。

四、日常生活中的用法——提話頭

生活之中如何提話頭？就像嚼口香糖一樣，開始嚼的時候是有味道的，嚼到最後就沒有味道了。雖然沒有味道，但是因為習慣了，所以還是繼續嚼著。我見過有些人，除了開會、說話不方便之外，平常習慣一邊工作一邊嚼口香糖，一邊看書一邊嚼口香糖，或是一邊寫作一邊嚼口香糖。所以，練習在生活中提起話頭，要像這種嚼口香糖的習慣，將提話頭變成一種自然而然的習慣。

平常提話頭，不管是不是有疑情，心裡要繫念著話頭，因為這句話頭關係著我們去了解自己生命的源頭是什麼？生命的根本是什麼？未出娘胎前的本來面目是什麼？將「大事未明」這個問題，視為自己最重要的事，所以時時刻刻、在做任何事的時候，都將這句話頭的力量維繫著。

當心中沒有慈悲心、沒有智慧心，只有瞋恨心、煩惱心時，更是要提起話頭。有些人以為生了病也可以提話頭對治，但是身體有病要去就醫，話頭雖然能治煩惱病、生死病，卻無法醫治身體的病。

也許一整天忙得不得了，忙到晚上睡覺時，也未曾提起過話頭，如果半夜醒來，想起自己一整天沒有提話頭，那就先提幾句再睡覺。但若是正在授課或開會，突然間提話頭，則是顛倒。也就是說，話頭在午夜夢迴時可以提，在休息時可以提，在無關緊要、不需要思考時都可以提。提的時候，提一下就夠了，不需要一直提。另外，只要在心中繫念著話頭，不一定要將話頭念出聲來。

平常生活提話頭，千萬不要變成了視而不見，聽而不聞，食而不知其味，否則會影響正常生活。照樣過著平常的生活，偶爾提一提話頭，因為這是自己的根本，不能忘掉，這樣才是真工夫。

第二篇

象岡話頭禪十開示

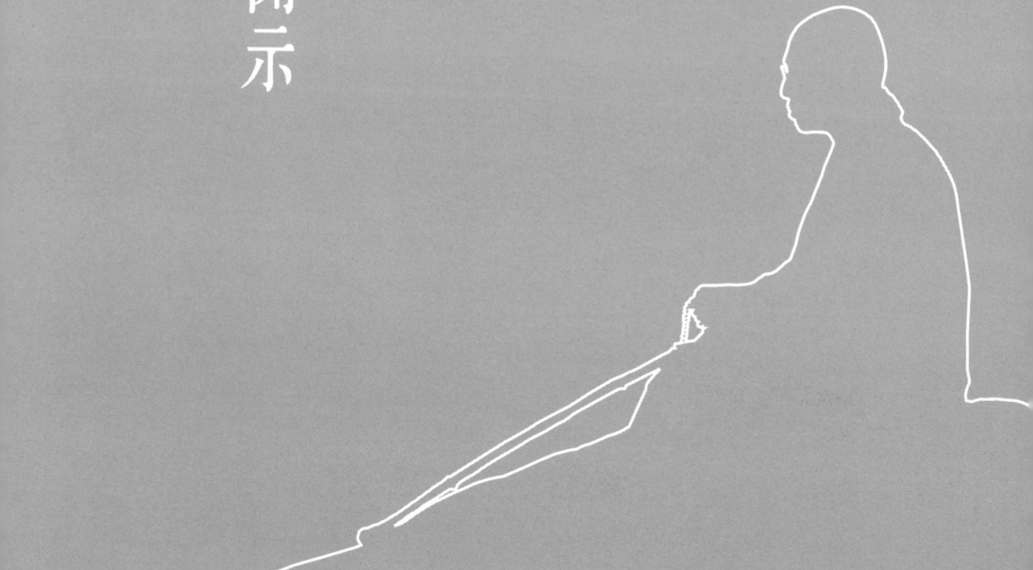

〈第一天：晚上（報到日）〉

放鬆、欣賞，體驗話頭

一、話頭威力與虛空等量

這是我們第一百一十次的精進禪修。從一九七六年春天開始我們的第一次，到現在已經三十年，累積了很好的經驗。

我們最初開始禪修，就是用話頭，對我來講，話頭是非常有力的，禪宗把話頭形容為「金剛王寶劍」，而這把寶劍有多大呢？它與虛空等量，虛空有多大，它就有多大。所以，任何人只要用話頭，就能夠得到力量。

我的師公虛雲老和尚是用話頭、我的師父靈源老和尚是用話頭，而近代有一位揚州高旻寺的來果禪師，他也是用話頭。虛雲老和尚是在揚州高旻寺禪堂開悟的。

其實話頭很好用，因為我們的妄念太多，不管是好的念頭或壞的念頭，只要一用話頭，那些妄念就好像漫天飛舞的雪花，一到火山口的上面，甚至還沒有到火山口的時候，雪花就已經融化了，連蒸氣都消失無蹤，話頭的力量就是這麼強。

二、放鬆身體，體驗呼吸

我們不論用什麼方法，基礎都是完全相同的，準備工作也完全相同，那就是生活要有規律，而且不管在任何時間，都是在禪修之中。我們雖然分別有在禪堂的時間、在寢室的時間、在齋堂的時間，或是在外面經行的時間，可是無論何時何處，無時無刻不在用話頭，甚至於睡覺做夢的時候，如果知道了自己是在做夢，也要趕快用話頭。

生活的規律上，總護法師會提醒你們。另外，還有一個基本原則，是大家必須要遵守的，就是你的心情要放鬆，你身體的肌肉、神經要放鬆，什麼都可以放，連你的腦袋也可以放，但就是不能夠把話頭放掉。「腦袋放掉」的意思，是請你不要用頭腦去想，但是一定要牢牢地抱住話頭——不是用手抱著它，而是用你的心，用話頭、用話頭、用話頭，不斷地用話頭。

有些人平常看起來似乎滿輕鬆的，但是一參話頭就緊張，如果叫他放鬆就打瞌睡，叫他用功就又緊張了。緊張會容易有幻覺，身體也會產生種種的反應，例如跳或是動，都可能出現。

現在我要勉勵你們，如果有這種狀況的人，當你覺得身體有反應時，要趕快放鬆，寧可先放鬆，也不要因為用話頭而緊張；如果每一次用話頭都很緊張的話，你暫時就不要用話頭了，而要告訴自己：「我放鬆，我放鬆。」然後問自己：「誰在放鬆啊？誰在放鬆啊？」

我們的基本方法，是從放鬆身體、體驗呼吸開始。體驗呼吸以後，等你的心情比較穩定了、妄念不是那麼多了，這個時候才可以用話頭。

除非你用話頭用得非常熟練，可以隨時提起話頭來，到了任何時間都在提話頭的程度，否則，如果你平常沒有在用話頭，只有打坐的時候才用話頭的話，當你每一次開始打坐的時候，首先要把身體放鬆，然後調整你的呼吸、體驗你的呼吸，或者是數你的呼吸。當你的身體已經覺得沒有緊張的狀況，妄念也不多了，這個時候就要用話頭。

若是一開始就用話頭，你是用不上的，因為你一用話頭，話頭就跑掉了；一用話頭，就打妄想去了，妄想比話頭的力量更強。本來話頭像火山口，妄念像雪花，結果因為你的話頭相當於螢火蟲，而你的雜念、妄想是傾盆大雨，這樣你的話頭是沒有力量的。所以開始的時候，還是要先調身和調息。

三、以度假的心情、欣賞的態度禪修

最後，我想請你們用度假的心情，以及欣賞的態度，來過這十天禪修的生活。所謂「度假的心情」是什麼？是輕鬆的、是愉快的，是心中沒有負擔的。「欣賞的態度」又是什麼？是對你自己所發生的狀況，不管是好、是壞，你都欣賞它；對於我們環境狀況的好或壞，你也都用欣賞的態度去看待，這樣你就是真正地在度假。

你若是用拚命的心情，希望在這個寶山裡拚命地挖寶、拚命地挖礦，那就非常緊張了，這樣只要一整天下來，第二天你會頭昏腦脹、腰痠背痛、腳痲腿疼，什麼狀況都來了。如果不用欣賞的態度，那你對自己發生的好狀況會洋洋得意，這時候妄念就跟著來了；若是發生了壞的狀況，你會覺得非常痛苦、非常難過，所以記得一定要用欣賞的態度。

〈第二天：上午〉

公案與話頭的用法

一、以參公案去執著、破煩惱

話頭在日本稱為「公案」，其實話頭與公案有點不一樣。公案是指禪師和禪師之間，或者是弟子和老師之間所發生的一些故事。什麼樣的故事呢？是能夠讓弟子見性開悟的一些例子，把這些例子當作一個、一個的案子來看。這些案子實際上類似政府處理一樁樁事的公文，在禪門則是將一樁樁弟子和老師之間，開悟的互動經過記錄下來，就稱為公案。

中國有一種內容非常豐富的語錄，也就是公案，叫作「傳燈錄」，這其實應該叫作「集」，是集錄在一起的意思。傳燈錄有很多種，其中比較完整的一種，是蒐集到宋朝景德年間為止的《景德傳燈錄》❶，裡面共收錄了一千七百零一則公案。

因為數量太多了，所以有一位無門禪師，重新挑選了將近一百則公案，編成《無門關》❷。在日本多半是採用《無門關》來參，也就是參破一個公案，再參下一個公案，不斷地換著公案來參。

怎麼參？因為公案實際上是老師和弟子之間發生開悟的過程和經驗，所用的語言、表現的動作，以及出現的狀況，都是跟邏輯、理論不相關的，但就是因為不知道是什麼原因？為什麼是這樣講？為什麼那樣他就開悟了？所以參「這是為什麼？」參通了，表示你已經過了一關；又參通了，則又過了一關。如果《無門關》的每一個公案都能參破的話，那就表示這個人的禪修工夫非常深了。

其實，禪宗的這些公案，都有它一定的軌則，跟普通的邏輯不一樣。但若是將這些軌則弄清楚了，只要把同樣的模式套上去，那參公案實在是很容易參透的，並不需要開悟。也就是說，了解公案發生的時候，這樣講究竟是代表什麼意思、為什麼這樣說的原因。

這其實很簡單，天下的事，本來就沒有事，本來任何一樣就是這個樣子，這叫作「現成的公案」。譬如，「人的鼻子是向下長的」，這很奇怪，誰不知道鼻子是向下長的？「比丘尼是女人做的」，誰又不知道比丘尼是女人做的？但是，為什麼禪師一說，就好像成了很奇怪的事？還有，「狗有沒有佛性？」這根本是一個笑話，你不必執著它到底有還是沒有，只要你懂它的軌則的話，用幾個公式來套，套了之後，這些公案全部都能夠通的。

我很慚愧，我自己也寫了一本書《公案一〇〇》，就是用這個邏輯去套的。如果大家看了我解釋的公案之後，認為自己開悟了，那你就上當了。所以我不用公案，我還是用話頭。

當然，我並不是說參公案沒有用，它是有用的，但就是不要告訴弟子它的軌則是什麼，而要讓弟子自己去發現它。因為一般人的常識都是顛倒的，也就是把虛妄當成真實，把妄想當成是自我，認為種種的現象是實在的，所以煩惱很重。例如覺得不舒服的，就很痛苦；覺得舒服的，就貪、就要追求，於是造成了苦的生活。

但是，以佛法的知見而言，是要我們從真實面去看。真實面是什麼？就是這個「我」是虛假的，現象都是暫時的。雖然這個「我」是虛假的，可是還是存在；現象雖然是虛幻的，但它也不是沒有。因此，你把它當成虛幻的時候，禪宗的老師就告訴你：「胡說，這是有的。」你要是把它當成是真的，他也會罵你：「亂講，哪有這樣的事。」

聽起來這個禪師沒有道理，因為怎麼講都是錯的，實際上很簡單，他是在破執。

公案發生的故事，全都是老師在破學生的一種自我執著，是破學生的煩惱的。所以，當你事先沒有辦法了解這個事實的話，那你參公案有用。你問自己：「為什麼是這樣？」那可能變成疑情、疑團了。到最後疑團破了，那就是將公案看破：「這個公案，啊！我知道了，原來是這樣！」

二、公案的關鍵句——話頭

我們為什麼不用公案，而是用話頭？什麼是話頭呢？話頭實際上是從公案來的。每一個公案是發生了一種情況，這種情況裡有一個關鍵字，或者是關鍵的一句話。

話頭不需要去思考這個公案裡的故事是什麼意思，而是把公案的範圍縮小，選擇公案裡的一個關鍵字，或是一句關鍵的話來問：「這是什麼？」這樣能使我們沒有思考和想像的空間。否則的話，雖然參公案很好，但是很可能會變成了思考，變成用邏輯去分析，那就跟參禪沒有關係，而是在浪費時間。所以，我們直接用話頭。

為什麼日本不用話頭而用公案？這跟禪法傳到日本的歷史有關。因為從中國傳到日本的禪法❸，主要是在宋朝的時候，其中包括臨濟宗和曹洞宗。就日本臨濟宗而言，他們還不知道要用話頭，所以只是用公案，而所參的公案，大概都是唐朝的公案。但是從中國南宋時代起，出現了大慧宗杲禪師，他開始勉勵禪修的人用話頭，是話頭禪的創始者。然而，當時並沒有人把參話頭的禪風傳到日本去。

大慧宗杲是臨濟宗的嫡系，他就是用話頭使得十三個人在一夜之間開悟的，因此他鼓勵人們用話頭。大慧宗杲經常鼓勵人用的一句話頭，是取自趙州從諗禪師的「無」字公案，就只參一個「無」字，而成為「無」字話頭。

「無」字公案的意思是什麼？禪宗相信一切眾生都有佛性，因為這是《涅槃經》中說的，但是有一個弟子問趙州：「一切眾生都有佛性，那狗有沒有佛性呢？」趙州說：「無。」意思是「沒有」。

為什麼一切眾生都有佛性，而狗卻沒有佛性呢？從佛法與禪宗的理論背景來說，這是錯的，因為一切眾生都有佛性，所以我們修行開悟，能夠見佛性，能夠成佛，那狗也算是眾生，為什麼狗就沒有佛性呢？因此這變成了一個疑問，弟子們不斷地猜、猜、猜，實際上猜到最後變成了參，也就是疑情出現了、疑團也出現了。因此，全心全力參這個「無」字的時候，很容易開悟，所以一個晚上有十三人開悟，都是參「無」字話頭。

一直到現在，日本的臨濟宗也參這個「無」，只是他們叫「無」字公案，我們叫「無」字話頭。我在日本參加他們精進禪修的時候，老師也教我們參「無」。

他問「無……」，是用日語發音的「無」。很有意思的是，我們參話頭是默參，在心中參，可是在日本的禪堂裡邊，本來是默參的，不過有的人參著、參著，忘掉了自己是在禪堂裡，也忘掉了會不會打擾別人，不知不覺就發出聲音：「無……。」最後，禪堂裡處處都在「無……無……」，好像是在牛欄裡一樣。

但是他們一開始的時候，參的公案是：「為什麼趙州說狗沒有佛性？為什麼沒有？為什麼是『無』？」最後就成了一個「無」字。所以，公案本來是個故事，是問那個故事，問到最後只剩下一個字，這就是大慧宗杲所說的，參「無」字公案、「無」字話頭。其實這是殊途同歸，本來是參公案，結果變成了參話頭，所以我們乾脆丟掉公案，直接參話頭。

三、安定身心用話頭

我建議的第一個話頭是「什麼是無？」、第二個是「未出娘胎前的本來面目是誰？」、第三個話頭是「拖著死屍走的是誰？」，平常念佛的人，就用第四個話頭「念佛的是誰？」。

你覺得對哪一個有興趣，你就用它。但是在身心狀況還沒有安定下來之前，話頭是用不上的，所以要在身心狀況比較安定了以後，你再選擇一個來用。

如何調整你的身心狀況？首先，把身體放鬆了，然後將你的心放在自己的呼吸上，體驗你的呼吸從鼻孔出入的感覺，或者是數呼吸，從一數到十。如果沒有學過數呼吸，請你不要用，學過的人則可以用。如果學過體驗呼吸，可以用體驗呼吸的方法。很簡單，就是欣賞和享受呼吸從鼻孔出入的感覺，身體有什麼狀況不要管它，心情自然會安定下來。安定以後，妄念比較少了，那你就可以用話頭了。

註釋

❶ 共三十卷，宋代道原撰，略稱《傳燈錄》，為我國禪宗史書之一，是研究我國禪宗史之根本資料。收於《大正藏》第五十一冊。

❷ 全一卷。宋代僧無門慧開撰，彌衍宗紹編。全稱《禪宗無門關》。收於《大正藏》第四十八冊。

❸ 日本禪宗的流傳，始於孝德天皇白雉四年（六五三）道昭入唐求法。天平八年（七三六），我國道璿東渡日本，弘傳北宗禪；嵯峨天皇在位時，派遣專使招請義空赴日弘傳南宗禪，開日本禪宗之風。

〈第二天：晚上〉

《六祖壇經》：修持一行三昧

一、天台宗四種三昧

今晚先教大家怎麼睡覺。睡著後有很多狀態，有的人睡著以後會亂夢，一直做夢，但是不知道做些什麼夢；有的人則是很清楚所做的夢。其實，做夢是因為緊張，身體緊張、腦筋也緊張。但是如果睡得很熟，這時候你就沒辦法用功了。因此，睡覺的時候，最好是沒有夢，自己很清楚地知道是在睡覺，這種是真的睡覺，而且是在修行睡覺法。

去年話頭禪修時講了一部分《六祖壇經》，現在我們要接下去講。大家不要覺得這是從中間講起，事實上，我們只是用《六祖壇經》來說明修行的方法和修行的觀念，所以無論我們從哪個地方講起，都是相同的，而目的只有一個，就是教我們怎麼修行。

天台智者大師所講的修行法門中，有四種三昧，就是「常坐三昧」、「常行三昧」、「半行半坐三昧」，以及「非行非坐三昧」。所謂「常坐三昧」，就是坐著不動，一直坐下去。但是，大概只有釋迦牟尼佛在菩提樹下，或者是在雪山修道的時候，才能一直坐著。

第二種是「常行三昧」，又叫作「般舟三昧」，就是不睡覺、不坐、不臥，一直在走，慢慢地走，修行這種三昧很辛苦。

第三種是「半行半坐三昧」，就是坐坐、走走，又坐坐、走走，很多禪堂都採用這種方式，南傳、日本的禪堂也是這樣。但是，這只有在禪堂裡才行，所以只有專門修行的時候才可以用。

第四種是「非行非坐三昧」，又叫作「一行三昧」、「隨自意三昧」或「方等三昧」。「一行三昧」為什麼又叫「隨自意三昧」？就是指在任何狀態下，無論是什麼時間、什麼地方，或是在寫文章、在上課，甚至於跟別人講話、握手時，你都可以用這種方法來修行。那麼「一行三昧」要怎麼修？

二、以直心修一行三昧

《六祖壇經》中說：「一行三昧者，於一切時中，行住坐臥，常行直心是。《淨名經》云：『直心是道場，直心是淨土。』莫心行諂曲，口說法直；口說一行三昧，不行直心，非佛弟子。但行直心，於一切法上，無有執著，名一行三昧。迷人著法相，執一行三昧，直言坐不動，除妄不起心，即是一行三昧。」❶

假如是這樣的話，那麼這種修行法跟無情物一樣，會是障道的因緣了。道應該是流通的，心不住於法就能流通，心一住，即被束縛了；若是坐而不動才是修行的話，那麼維摩詰也就不會訶斥舍利弗，反對獨自在林間樹下默坐冥想的修行方法了。

所謂「一行三昧」，是指在任何時間、任何地方、任何狀況下，無論行、住、坐、臥，無論你在做任何事情時，都可以修一行三昧，所以又叫作「隨自意三昧」，只要你的心與意是在三昧上，那就是在修一行三昧。

什麼是「在三昧上」？意指你的心修的是直心。「直心」的意思，是當我們看到什麼、聽到什麼時，還原它自己本身是什麼就是什麼，而不將主觀的「我」放進去為它評價。主觀是以自我中心、自我的喜惡來取捨，而直心則是拋開自我，事物原本是什麼就是什麼，應該怎麼處理就怎麼處理，不要三心兩意地考慮：「如果是這樣的話，對我有什麼壞處？如果是那樣的話，對我有什麼好處？」如果這樣考慮，就不是直心。

譬如，當你看到兩個小孩子跌倒在地上，其中一個是你兒子，另一個是你不認識的孩子，那麼你會先扶誰？你一定會想：「這是我的兒子，所以我先扶他，另外一個不是我的兒子，就讓他自己爬起來，頂多等我扶起我兒子後，再去扶他。」但若是直心的話，就會一手拉一個，同時把他們扶起來。

在唐朝時，有一位宗密禪師，是荷澤神會禪師的第四代，也是華嚴宗的第五祖。他曾經兩次被皇帝請到宮裡供養、說法，並且賜給他紫袈裟，集榮耀於一身，而他與當時的宰相也是朋友。

有一天，宰相看到皇帝身邊的一位大太監，既跋扈又專權，使得皇帝很痛苦，因此準備找機會把大太監殺了。可是，還沒來得及行動，就事機敗漏，反而被太監派去的五百名禁衛軍追殺。

宰相無處可躲，便逃到終南山宗密的道場裡，並且為了逃過一劫，於是希望宗密能夠讓他剃度出家。結果宗密真的為他剃頭，還把他藏起來。但是，最後宰相還是被大太監派來的人抓到了。而宗密因為不但沒有檢舉，甚至還剃度並藏匿宰相，所以大太監也要殺了他。

大太監問宗密：「你怎麼可以把他藏起來？你知不知道他是叛國賊？」宗密說：「當然知道。」大太監又問：「你明知他是叛國賊，為什麼還把他藏起來？」宗密回答：「我只知道我是一個和尚，而他是一個求救命的人，在那種狀況下，我只知道救人命，沒有考慮到我會不會犯法，你若是認為我犯了法，那就殺我的頭吧！」

請問，這是什麼三昧？是一行三昧。當緊要關頭時，他只知道救人，沒有考慮到自己是不是會因此而被殺頭。這很不簡單，假如換了一個普通人，他一定會考慮：「嗯！我若趕快去舉報，大太監可能會幫我向皇帝說幾句好話，可以封我為國師，那該多好啊！」這種心態就不是修行一行三昧了。

所以一行三昧是直心，是在任何時間、任何狀況、任何地點，心都不扭曲、不自私，事實上這即是智慧。佛法所說的智慧，又叫作「般若」，「般若」是沒有自我中心的一種態度。沒有自我中心，你就是有智慧的人，這時無論你處理任何事，都叫作「一行三昧」。

因此，一行三昧是用直心，而非老是坐在這個地方。可是有人誤會一行三昧指的是修行一項法門，或者是一個動作，也就是做一樁事，把這樁事一直做下去。

譬如，打坐的話，就一直坐下去，並且以為這即是「一行三昧」。《壇經》說，如果是這樣子的話，那其實是植物、是枯木、是石頭，因為植物、枯木、石頭也是不動的。然而，一行三昧是有「心」的，這個「心」是活動的，我們的身體當然也是可以動的。只要不把自我中心、自我的執著擺進去，這就是一行三昧。

三、以一行三昧用話頭

那麼，一行三昧和我們用話頭有什麼關係？用話頭的時候，你就是用話頭，不要思考用話頭能不能開悟？不要思考用話頭的時候，自己有沒有雜念？還有多少雜念？也不要思考我喜不喜歡用這個話頭？

話頭只是一個工具，你不斷地問、不斷地參，什麼都不考慮，你的心知道自己在做什麼——在參話頭，但是，不再考慮自己方法用得好不好？不再考慮身體舒不舒服？只知道自己是在用方法，這也是直心。因為舒不舒服、喜不喜歡，都是非常主觀的，當心情轉變成惡劣時，什麼好事都會覺得不好；當心情很平穩時，就算遇到壞狀況，你也不會覺得是很痛苦的。

心不隨著目前的狀況而轉變或起伏，當你正在用方法的時候，就是用方法，用話頭就是用話頭，這也就是一行三昧。

註釋

❶ 本書所引皆以「敦煌本」為準。

〈第三天：上午〉

話頭的應用與修持

一、動靜語默修話頭

這個時間要講什麼是話頭？怎麼用話頭？話頭的效果是什麼？

雖然用修禪定的方法，也可以開悟，但是，修禪定一定是在靜態的狀況下，在動態的狀況下是沒有辦法修的。只有專門修行的人，或者是長時間修行的人，才能夠從禪定中得到力量。然而，話頭則是任何人、任何時間都可以用。所以，在中國為什麼會開發出中國禪的特色，是因為中國不像印度社會那樣，對於修行人特別地尊敬，而且普遍知道要供養修行人。

在中國社會，除了少數特殊的、有吸引力的修行人才有人供養，否則，一定是自己想辦法生活。因此，才會像六祖惠能大師那樣，開發出在動、靜的任何狀況下，都可以修行的方法，而這即是中國禪的特色。我們現在這個世界，只有少數的出家人，而出家人也需要做服務的工作，所以，話頭是最能夠適應現代社會的禪修方法。

話頭，實際上是從六祖惠能大師開始的。《壇經》中有一個故事：當惠能大師得到五祖弘忍大師的傳承之後，就到南方去了。弘忍大師座下有一位弟子叫作惠明，他原來是將軍出身，因為弘忍大師不再說法和指導修行，所以他就追隨惠能大師去了。

惠能大師只是告訴他一個方法：「你現在不要想什麼是好或是不好、善或是惡，心中不起任何的分別心，在這個時候問『你的本來面目是什麼？』、『什麼是你自己的本來面目？』。」惠明因此而開悟了。惠能開悟得法之後，惠明是他第一個傳授方法的人。

修禪定是漸漸地把我們的妄念心集中於一處，心止於一境，這叫作「心一境性」。所謂「一境」，實際上是一點或者是一念，在這個狀況下，你會自然而然地入定。但是，問話頭不是要我們將心止於一境，成為一般的禪定，而是雖然有雜念、有妄想，仍然只是用一句話頭。

我們形容話頭是一把金剛王寶劍，它跟虛空一樣大，見到什麼破什麼，見到什麼斬什麼，任何妄念、任何狀況出現，只要用一句話頭問：「什麼是無？」、「什麼是我的本來面目？」這樣一來，你的妄念自然就停了；如果反覆地問，你自己就會進入這個問題裡，變成了一個大疑團。

這個時候，即使你不再問，但你的心其實還是在「什麼是無？」、「什麼是我的本來面目？」或是你所用的其他話頭的疑團裡。

二、用話頭取代妄念、製造疑情

話頭的功能，不是用話頭去打壓雜念或妄想，而是用它來取代雜念或妄想，到最後雜念和妄想都沒有了，只剩下疑——「什麼是……？」，待機緣成熟的時候，突然間，疑團一下子消失不見了。所謂「不見了」，就是疑團爆炸，感覺好像一切都放下了，虛空沒有了，大地也不見了，而你自己當然也不存在了。雖然身體還在、環境還在，但是執著沒有了，這個時候又形容為「虛空粉碎，大地落沉」。

話頭主要是讓我們產生疑情，如果不能產生疑情，自己要製造疑情，也就是要對這個問題很有興趣，想了解這個問題究竟是怎麼回事。假如「無」本來就是一個沒有的東西，為什麼還要問？這個字裡有什麼東西呢？為什麼有這麼多的禪師都在用這個話頭？他們不是傻瓜，所以一定有它的道理，那麼「無」裡面究竟會有什麼呢？告訴自己：「我不服氣，我一定要問出個名堂來，這究竟是什麼東西？」你就像這樣自己想辦法製造出疑情來。

過去禪師們用兩種比喻來形容參話頭時的感覺，第一種是好像咬棉花絮。將一團棉花拿到嘴裡咬，這到底有什麼味道？棉花是沒有味道的，那要不要咬呢？我現在的工作是咬棉花，我不咬它，那要做什麼呢？所以我還是咬，這其中一定有道理，要咬出個什麼名堂來才行。雖然沒有味道，但是很多人都咬過了，而且咬得有用，那我相信是有用的，所以還是要繼續咬下去。

到最後，棉花絮給你咬爛了、咬碎了、咬得不見了，而你還在咬——「這是什麼？……」，這是疑情出現了，你不再注意有沒有味道，因為被你咬爛了、咬碎了，甚至於你把它吞下去了，這時候已經沒什麼好咬的，但是你還在繼續問，就這麼進入疑情、進入疑團了。

這個譬喻是形容自己沒有疑情、沒有想要知道這個話頭是什麼，但是沒有辦法，老師給了這個話頭，那只好用了。可是怎麼用，都覺得沒有味道，這真是奇怪了，咬棉花沒有意思，淡而無味，但是老師說要咬的，所以還是繼續咬吧！咬、咬、咬，漸漸地疑情會出現：「這是什麼？這是為什麼？究竟有什麼味道？」最後只有疑情，而疑情出現以後，味道也出現了。

第二種譬喻，是吃滾燙的熱湯圓。因為湯圓裡有非常好吃的餡，很想一口把它吞下去，可是湯圓好燙，吞又吞不下，吐了又捨不得，在這個時候，什麼妄想都沒有，只知道湯圓又燙又好吃。

這個譬喻，則是形容用話頭的人對話頭已經很有興趣。譬如，問「未出娘胎前的本來面目是誰？」的時候，是對「自己現在的面孔是父母生的，那麼自己的本來面目究竟是什麼樣子」產生疑惑。

實際上，「本來面目」是不會變的，不會因為年齡而改變，更不會因為出生或是不出生而改變。既然如此，那麼除了現在這個面孔、這個身體之外，我的本來面目是什麼？其實這是指眾生共同皆有的「佛性」。不稱「佛性」而說「本來面目」，是因為這樣比較具體一點，否則感覺很空洞、很抽象，沒有辦法想像。

對於這個問題，你要非常深切地，而且是很迫切地希望知道答案，否則自己永遠是在煩惱之中，對自己是困擾的，對他人也會困擾；沒有得到解脫，所以被煩惱困擾，這都是因為不知道本來面目的緣故，一旦知道了本來面目之後，這些問題都不再存在，也就得到解脫了。

三、疑情起於對佛法和自己的信心

為了得到解脫，你一定要一直問下去：「本來面目是什麼？」問的時候，因為這是非常迫切的一樁大事，可是「為什麼我不知道？」所以不會有雜念和妄想，話頭也不會丟掉，甚至在一開始就是有疑情的。

這要對佛法有信心，而且相信自己是有佛性的；如果對自己沒有信心，對佛法也沒有信心，那麼，這種如同吃湯圓的情況，就不容易產生了。

因此，修行的人必須相信自己有佛性，必須相信自己的佛性與佛完全相通，但是佛已經開悟、已經見佛性了，所以佛不會再有任何的問題。

「佛性」的意思是什麼？佛，梵文 buddha，是覺、覺者。覺，就是醒了，從煩惱之中醒過來，從痛苦的惡夢之中醒過來。一般眾生老是做著一個長長的夢，這個長夢叫作「生死大夢」，雖然在夢裡也好像有歡樂的時光，但是痛苦、煩惱和麻煩的時間更多。該如何解決這個問題？只要自己覺悟了，就沒有這個問題了。你的人生觀和宇宙觀會改變，也就不會被煩惱的夢所困擾。「性」的意思，是有這個可能性，所以叫作「佛性」，事實上是指你有覺悟的可能性。怎麼覺悟呢？用話頭。

你們是在嚼棉花絮呢？還是吃熱湯圓？如果沒有辦法像吃到熱湯圓那樣的狀況，棉花絮還是要繼續咬。請大家不要覺得話頭淡而無味。

〈第三天：晚上〉

《六祖壇經》：以直心用方法

一、直心是超越主觀與客觀

《六祖壇經》說：「直心是道場，直心是淨土。」那麼直心是什麼？道場是什麼？淨土又是什麼？

直心不是心直口快、胡說八道，而是不要把自我的立場、個人的利害和判斷放進去，是超越於自我的，甚至是超越於客觀的，也就是主觀與客觀都要超越才是直心，因為主觀不可靠，客觀也不一定可靠。

主觀，大家都知道不正確，那客觀就正確嗎？所謂「客觀」，是指許多人共同的想法和看法。一個人的想法叫作主觀，許多人的主觀相加叫作客觀，可是一個盲人是盲人，十個盲人、一百個盲人，還是盲人；不可能一個盲人看不到，一百個盲人加起來就看得見。所以不能說客觀一定是正確的，因為客觀是許多人共同的主觀。譬如，一個人不知道「無」是什麼，十個不知道「無」的人在一起討論以後，投票通過他們討論的結果就是「無」，這樣算不算正確？

因此，世界上許多了不得的理論，都是聰明人想出來的，這些理論，很多人都覺得很好、很讚歎，但是過一段時間以後，另外的新理論會把它們推翻，永遠都有新的把舊的推翻。如果每一樣「客觀」的理論過一段時間就會被推翻，那表示客觀是不可靠的。這時該怎麼辦？用直觀，也就是直心。

「直心」是超越於主觀與客觀，是不考慮自己，也不考慮大家的想法，事情應該怎麼做就怎麼做。假使有一個殺人犯要自殺，這個時候你要不要救他？你救了他以後，他再去殺人怎麼辦？可能大家都會說：「這個人本來應該死，那就死了算了。」這似乎成為客觀的想法，但卻是不對的。他將來會不會又殺人是另外一回事，可是現在他要自殺，就一定要救他，等救了以後，再想辦法教他不去殺人，這才是智慧的處理法，是直心。

二、悟道場、耕心地、居淨土

「道場」是指什麼？「道」是菩提道，道場是我們現在身處的「選佛場」，只要是能夠讓你見佛性的地方，或者是能夠讓你見佛性的這樁事，都叫作「道場」。

然而，道場好像應該是一個地方，怎麼「一樁事」也叫道場呢？如果任何一樁事，能夠成就你見佛性，能夠讓你覺悟，那這樁事即是道場。也就是說，凡是你用直心來達成見佛性的目的，這直心、這樁事，都是道場，並非一定要有個地方、定點或者空間才是道場。

佛把我們的心形容成「心地」，心就像一塊土地，而心的土地裡能夠讓我們耕種、能夠讓我們生產，也能夠讓我們消化。消化什麼呢？消化眾生的業，把眾生的業轉變為菩薩的道。生產什麼呢？生產智慧和慈悲來廣度眾生，好像是田裡生產了很多的植物、用品與種種的東西，讓我們大家來享用。

心像地一樣需要耕，耕什麼地？耕心地，要把心地好好地經營、播種和耕耘，然後能夠生產。而生產的同時也是在消化，消化一切髒的東西——我們的大小便、我們不要的菜葉和菜根、剩餘的殘渣，以及我們所有的廢棄物，全部丟給大地，大地則將它們變成了肥料，再來生長其他的東西。就好像樹上的葉子掉落地下，逐漸地腐化變成肥料，肥料再滋長樹木一樣，所以大地真好。

如果我們的心能像大地那樣，心就是道場，心就是淨土。

所謂「淨土」是什麼意思？淨土本來是一種信仰中的理想世界，譬如有阿彌陀佛的淨土、有藥師佛的淨土、有彌勒佛的淨土，以及十方世界有十方一切諸佛的淨土，也就是佛住的地方都是淨土。那些與佛同住淨土的眾生，是沒有煩惱、沒有衝突的，是非常快樂和平的，這是理想中的世界，所以稱為「淨土」。

這是存在於信仰之中的，因為在這個世界上我們無法看到。可是，佛又說淨土是在我們的心中，如果心能夠平靜、沒有恐懼、沒有煩惱、沒有衝突，那你就已住在淨土裡了。因此，用直心修行，你隨時隨地都在淨土中。

三、直心投入，不起疑心

用方法，是以直心來用。用直心問話頭的時候，如果還是要思考一下：「這對我有什麼用？我真的能夠見性嗎？」這麼一來，就變成了懷疑心、扭曲心，而不是直心了。

直心是要聽從老師的指導，老師要我怎麼做就怎麼做，如同坐飛機時，有飛機上的規則，譬如遇到亂流時，規定一定要在椅子上坐好、繫好安全帶、廁所裡不能抽菸等，乘客都要遵守。絕對不能認為不一定要遵照飛機上的相關規則，或是乘客共同開個會，只要投票通過，想決定怎麼樣都可以，這都不是直心。當然，直心也不完全只是服從命令，而是我希望做的事，就會非常投入地去做，不起懷疑心。

> 善知識，又見有人教人坐，看心看淨，不動不起。從此置功，迷人不悟，便執成顛，即有數百般如此教道者，故知大錯。

這是說以如此的方式教人，就是大錯，因為這樣會產生很多的狀況，這是顛倒。

這段經文提到：要看著自己的心，保持著沒有雜念或妄想，而且身體不要動。這樣坐到後來，可能會變成一片平靜，心不會浮動，沒有了念頭，似乎很清淨。初步用這種工夫是很好，若是用到了經中所描述的程度，會覺得真舒服、真好，天下無事。在這種狀況下，會是非常地清閒安逸，不過也僅僅是到此為止，不可能見性，更不可能開悟。

禪宗有一個名詞叫作「冷水泡石頭」，如果用冷水泡豆子，豆子還會起變化，而冷水泡石頭就算泡上一百年、一千年、一萬年，冷水還是冷水，石頭還是石頭。所以，用話頭修行禪法，不是心裡什麼也沒有，而是心裡有一句話頭，有一個大疑情，如果什麼也沒有，那你其實是在休息，而這就成了冷水泡石頭。

這一段是對專門修禪定的人說的。昨天講到四種三昧，其中第一種就是「常坐三昧」，「常坐」是不斷地坐。曾經聽過很多修行人標榜自己的工夫很好，好到什麼程度呢？有人說：「我已經坐破幾十個蒲團了！」只是他那個蒲團不知道是用什麼材質做的？然而我也聽說：「開悟不在腿，說法不靠嘴。」說法不完全是靠嘴巴說，還要自己去表現和實踐。同樣地，修行要想開悟的話，不是僅僅靠腿功，也不是光打坐就一定能開悟。

〈第四天：上午〉

禪修的基礎

一、調五事，才能真正用話頭

開始禪修的時候，要先調整和放鬆你的身體，然後你的心才能平靜，才能用話頭。因此，基本的修行原則中，有所謂的「調五事」：調飲食、調睡眠、調呼吸、調身，以及調心。雖然我們禪修的目的是調心，但是，基礎要從前面的四項調起。

（一）調飲食

調飲食是指不能吃得太飽，也不能餓肚子；水不能喝太多，也不能不喝水。飲食要吃八分飽或是七分飽，不要把肚子撐得脹脹的、滿滿的，因為吃得太脹了、太滿了，就會打瞌睡，但若是吃太少，肚子空了，也會沒力氣。喝水時，如果水喝太少了，我們的身體會發熱，但是水喝太多，身體又會變得很重，所以飲食要調節。

除此之外，我們要注意不能吃刺激的東西，食物要清淡，有營養就好，飲料也是，最好是喝水。

（二）調睡眠

所謂「調睡眠」，首先是睡覺的姿勢要正確，然後身體的任何一個部位都要放鬆，特別是內臟也要放鬆，不要有壓力。睡眠的時候，隨時隨地提醒自己是在沒有事的狀態、是在休息的狀態，保持頭腦是寧靜的、清楚的，這樣睡覺的時候，很容易就能消除疲勞，睡著之後，頭腦也會是比較清醒的。在《瑜伽師地論》裡提到，這是「覺寤瑜伽」，即睡眠的時候仍是在禪定之中。

如果在睡覺以前打坐，或是睡前你覺得身體緊張時，最好先運動一下，然後打坐一段時間，等頭腦和身體放鬆，全部沒有負擔以後再睡覺，就能夠睡得很平穩、很實在。

睡覺最好要睡多久呢？佛經裡說四個小時。古代印度將白天分成六個時段、晚上六個時段，以現在一天二十四個小時來計算，每一個時段是兩個小時。但是，夜晚的六個時段裡，只有中間兩個時段是用來睡覺的，前後各兩個時段都是不睡覺的，所以實際上只睡四個小時，大概是從現在的晚上十點睡到第二天清晨兩點起床，或者是從凌晨十二點睡到四點起床。

這裡是晚上十點睡覺，早上四點起床，以我們睡覺的時間而言，如果白天你打坐得很好，晚上這樣的睡眠時間絕對是足夠的。可是如果你白天打坐得非常緊張、非常痛苦，一直緊張到夜裡睡覺都還在緊張，晚上就會做惡夢，那你可能會感覺睡得不夠。

有一些人是滿奇怪的，夜裡老是睡不著，白天倒睡得很好，整天打瞌睡。又因為白天睡夠了，所以晚上睡不著，這就是不會調睡眠了。若是白天迷迷糊糊，晚上也是迷迷糊糊，整天好像是醒著，又好像沒有睡，白天和晚上都在做夢，那是有病了，要去看醫生，否則真是叫作「醉生夢死」。

（三）調身

至於調身體該怎麼調法？身體要動也要靜，動是為了讓肌肉、神經有機會運動一下，而運動能使循環系統以及消化系統加強、正常；靜則是將神經放鬆、肌肉也放鬆，這樣血液會循環得比較順暢，而且動的時候加強了血液的壓力，循環快一點；靜的時候放鬆了神經和肌肉，身體裡的氣比較容易柔和地自行調整。如果老是在動，對身體是不好的，會疲勞；但如果老是靜，對身體也不好，所以動靜要適宜。因此，我們在禪堂裡有打坐的時候、有經行的時候，經行時也是有快、有慢，這都是在調整我們的身體。

（四）調息

很多人認為我們的生命是身體、是思想等，其實都不對，釋迦牟尼佛說：「人命在呼吸間。」如果沒有呼吸，人就死了，我們的生命就是呼吸，所以呼吸非常重要。

呼吸對身體有什麼好處？呼吸實際上是供給身體氧氣，而氧氣能讓血液經常保持清爽和乾淨，如果血液中沒有氧氣或是缺少氧氣的話，頭腦會昏沉、身體會疲勞，所以調呼吸非常重要。

調呼吸即是調息，要在什麼時候調呢？我們打坐是在注意呼吸、調呼吸，便是讓呼吸平穩。但是，快步經行算不算是調呼吸？很多人認為不是，因為快步走的時候會喘氣，實際上，這也是在調呼吸。因為快步經行時，身體需要充分的氧氣，血液才有力量幫助每個細胞活動，所以快跑也是在調呼吸。因此，調呼吸要在靜中調、在動中調，但是不要故意在不應該喘氣的時候喘氣，那是會受傷的。

調呼吸與調身、調心是息息相關的。調呼吸是介於調身和調心之間的橋樑，非常重要。所以，平常我們頭腦不清楚的時候、心情不穩定的時候，最好做三次深呼吸，讓頭腦清楚、心情穩定。

南傳的四念住也是從呼吸開始，稱為「安那般那念」（Ānāpāna-smṛti），這是一種基礎的修行方法，凡是基礎的禪修都需要用呼吸法，因為調好呼吸後，就可以調心了。

事實上，這與我們需要氧氣是有關係的，當身體極力在動時，需要的氧氣多，所以呼吸會急促而快速；當我們靜靜地坐得很平穩時，消耗的氧氣很少，這時呼吸自然而然會緩慢、細、長而深。「長」的意思是指呼吸慢，而呼吸慢了以後自然就會長。

平常人五秒鐘之內必須要換一口氣，但是如果入了禪定以後，呼吸會變得很微弱。拿一根羽毛放到入禪定者的鼻孔上，羽毛是不會動的，顯示出呼吸很微弱、很長，而且很深，一口氣吸下去，就吸到全身去了。如果真的調好呼吸，那就入定了。

所以修行的基礎，必須把呼吸調好，如果呼吸調不好，身體不會好，心也不會穩定，因此，調呼吸就能調情緒。

凡是心浮氣躁、氣急敗壞、慌亂、憤怒、痛苦的時候，身體是緊張的，胃也是緊張的，而橫隔膜是上升的，呼吸只到肺的三分之一。在這種狀況下，你老是很生氣的話，會非常地痛苦，也很容易累。所以生氣、發脾氣，對自己的身體傷害最大，而且對頭腦來說，也是很傷的，因為渾身緊張，血液流不到頭腦裡去，這是最糟糕的。所以，如果呼吸不會調，修行沒有辦法真正著力。

為什麼打坐的時候，希望你們的姿勢正確、背能夠直？為什麼要用香板去量一量你們的後腦、脊椎和臀部？因為如果上半身姿勢不直，彎腰駝背，呼吸會受到障礙，造成呼吸量不夠。另外，頭的姿勢為什麼不可以東倒西歪、前仆後仰？這也跟呼吸有關。除了做頭部運動之外，打坐一坐定了以後，就不能低頭，也不可以仰頭，否則呼吸會很短，因為氧氣吸不進去。

身體的姿勢不正確，呼吸會有問題，呼吸出問題，身體就不好，連帶著你的心、頭腦會不清楚，這個時候，你可能會覺得頭腦裡沒有雜念、沒有妄想，好像很舒服，但這是在黑山鬼窟裡。

因此，不管你是坐椅子也好，坐蒲團也好，從臀部的尾椎骨到後腦勺，都要與地面保持垂直，這是最健康的一種坐法，而這主要是在調息。調息的同時也在調身，因為呼吸均勻了，身體氣脈自然會暢通。所以，調息、調身與調心都是連在一起的，而身體健康、呼吸平穩的話，情緒也會平穩。

（五）調心

前面這四種先調好了以後，然後才是調心。但調心不是調情緒，而是要將你的染汙心調成清淨心，將你的煩惱心調為智慧心和慈悲心，這才是修行的功能所在，也是進入了真正的修行狀況。接下來你們才能真正地用話頭。

〈第四天：晚上〉

《六祖壇經》：定慧一體、定慧同時

一、動中修定、境上鍊心

善知識，定慧猶如何等？如燈光，有燈即有光，無燈即無光。燈是光之體，光是燈之用。名即有二，體無兩般，此定慧法，亦復如是。

定與慧在佛教的經論中，多半是說「由定發慧」——先修定，以定為基礎來開發智慧。但修定是不是一定可以開發智慧？不一定，世間的「四禪八定」只能讓人入定，而不能開發出解脫慧，也就是解脫的智慧不容易產生。

但是，如果沒有定做為基礎，所開發出來的智慧就變成了狂慧，是浮動的、不踏實的，所以有定的人才能有智慧。然而，如果用佛的智慧、佛的觀念來指導修定，就能很容易地發慧，可是在發慧之前，這還不是自己的智慧，因此，這時的定和慧不是同時的。

譬如，釋迦牟尼佛在成佛以前修過四禪八定。另外，他在成佛之後，到鹿野苑度五位比丘時，因為五位比丘原先已經跟釋迦牟尼佛一起修禪定修了很久，所以釋迦牟尼佛為他們開示四聖諦「苦、苦集、苦滅、苦滅之道」時，以他們既有的禪定基礎，再用佛的智慧指導，馬上就開悟了，這是非常踏實的。

在開悟之前修禪定，但是沒有智慧；開悟以後有了智慧，可是如果沒有修禪定，智慧就不夠穩定。所以，在開悟之前要修定，開悟之後還是要修定。怎麼修定呢？

在六祖惠能大師之前，大致上都是用打坐的方式來修定，但是惠能大師提出不一定要打坐才能修定。

我們從惠能大師的傳記中可以得知，在還沒有出家、還沒有見五祖弘忍大師之前，他是一個樵夫，每天都非常單純地在打柴；後來見了弘忍大師，被安排了舂米的工作，也一樣非常單純地在舂米。舂米不是用手，而是用腳踩。運用槓桿原理，一腳站在地上，另一腳踩在舂米的板子上，腳不斷重複地踩下、抬起。因為惠能大師的身體不是很強壯，而舂米需要很大的力氣，所以他用一塊石頭綁在腰上，讓身體變得比較重一點，這樣踩下去時，便不需要很用力了。

他就這樣每天很單純地做同樣的工作。工作的時候，也是在動中鍊心、修定。這種定是心平靜、安定、統一，並且隨時與環境統一，而非一定要坐著打坐。而在他獲得傳法、逃到南方時，跟著獵人一起生活，當獵人打獵的時候，他也是很單純地幫忙獵人看網，看了十多年，這真是不簡單。

到了百丈懷海禪師的時候，他主張「一日不作，一日不食」，每天都要工作，甚至在他八十多歲時還繼續工作。弟子們不忍心，於是把他的工具藏起來，希望他能休息，結果那一整天他就不吃飯了。百丈每天都在工作，所以他的修行就是工作，工作就是修行，在動中修定，即是心平靜、安定，不受環境的影響而波動。能夠隨時隨地面對環境而心不受影響，即是「境上鍊心」，與傳統的四禪八定不一樣。

記得在一九七九年到一九八〇年間，我在美國紐約皇后區買了一間很破的房子，我們一邊整修，一邊找出空間來，讓十幾個人一起打禪七。其中有一位美國男孩，他是一個木匠，在參加了七天的禪修之後，發心留下來幫忙做門窗、地板等木工。才剛剛打完禪七的第二天，他就開始做木工，因為室內沒有足夠的空間，所以必須在馬路邊工作。

這時我發現一個狀況：雖然他的手正在工作，但是只要年輕漂亮的女孩經過時，他一定目迎目送，一直到看不見了為止。我看見幾次這種情形，甚至有幾回他一邊看一邊敲打，結果一打就打在手上。可是當另外一個女孩經過的時候，他還是又盯著看。

我跟他說：「你才剛剛打完禪七，要記得工作就是工作啊！」他回答：「對。」然後繼續工作。但是到了下午，有漂亮的女孩經過時，他還是忍不住地看。所以，動中修定是需要常常練習的，如果有了靜態的禪修基礎以後，在動的狀況下就可以用得上。因此，禪修也需要在禪堂打坐。

在我們寺院的生活，就像百丈那時一樣，禪堂裡的長連床也叫「廣單」，早晚還是要打坐，白天工作。有些在家居士來參加禪修，在這裡打完坐之後，好像覺得已經夠了，所以回家以後平常不打坐，要等到下一次再來禪堂打坐。在家時早上捨不得起床，而晚上有興趣的事情太多了，捨不得打坐，也捨不得睡覺，到了隔天早上又起不來，因此，總覺得沒有時間打坐，這是非常顛倒的。所以，我勉勵大家，每天一定要有打坐的時間。

二、用佛的智慧與觀念指導自己

《六祖壇經》中說「定慧同時」，即是當我們心不安定的時候，若沒有辦法馬上把心安定下來，要用佛法的智慧來指導自己。譬如當你沒有辦法不生氣的時候，那就趕快用佛法的智慧來告訴自己：「生氣解決不了問題，生氣是最傻的，最痛苦的是自己。」今天早上說過，當你有情緒的時候、生氣的時候，會讓自己的細胞死了很多，加上呼吸緊張，血液裡氧氣減少，這是最傷神、傷身的。

在工作或運動勞累時，先休息一下，很快就恢復了，可是生氣時，情緒非常激動，譬如跟人家吵了一架之後，你能馬上睡得著嗎？這時候你的肌肉在發抖，手也會發抖，心裡餘怒未消，而且這種狀況可能會延續好幾個小時。甚至晚上睡覺的時候，你還在想著要用什麼方式來報復他，用什麼話來刺激他，一定要扳回一城，或是還想著用什麼方式來解釋、說明，讓真相水落石出，結果整夜無法成眠，第二天又累得要命，變成神經衰弱，所以這真是最傻的了。

因此，用佛法的觀念來調整自己，自然而然怒氣會消平下來，再加上將呼吸調勻，而這即是修定，所以定要用慧來指導。當自己還沒有智慧時，必須用佛的智慧來指導；若是自己已經有了智慧，那就隨時都能夠指導自己，這即是定慧不二、定慧同時。

我曾經遇到一位年輕人，他打坐得非常好，能夠坐很長的時間，但是他很容易生氣，只要有人碰到他，就會非常地生氣。我問他：「你打坐的工夫這麼好，怎麼會這樣容易生氣？心怎麼沒有調好？」他回答：「師父，你看看菩提達摩的樣子，因為他的禪修工夫太好了，所以永遠是生氣的。」我說：「菩提達摩不是生氣，而是他的長相就是那個樣子。」

因此，如果修禪定卻沒有智慧同時來調整自己的話，打坐工夫愈深，很可能會發生兩種狀況：一是傲慢、一是憤怒。傲慢是自己覺得了不起，憤怒則是「我正在安靜的狀況裡，你不要碰我，只要稍微讓我心裡不舒服，我馬上就生氣」，這兩種狀況都是因為不會同時運用禪定和智慧的關係。

禪宗修行人有一句話：「寧動千江水，莫擾道人心。」是指把千條江水都掀動了也無妨，但你若是擾亂或妨礙修道的人，那罪過就很大了。也因此有些修行的人說：「我是個修行的人，你不要擾亂我，因為你擾亂我比擾亂千江水的罪過還要大，我當然是生氣有理！」雖然這句話是用來勉勵大家要愛護修行的人，但是修行的人不能拿它來當成護身符，若是以之做為藉口，那是絕對地錯誤。而我們的護身符，就是「定慧並用」。

《六祖壇經》認為定和慧是同時存在的，不可能分開，所以，若是先有定，後有慧是不正確的，有慧而沒有定也是不正確的。《壇經》中以燈和光來做比喻：為什麼叫作燈？是因為有光；光從哪裡來？從燈而來，所以稱為「燈光」。實際上，燈和光同時存在，好比陽光一樣，陽光是太陽的光，太陽與光這兩樣東西是不能分開的。

因此，我們修行的時候，修定必然是與智慧一起，開悟以後，智慧必然仍是與定一起。

〈第五天：上午〉

話頭的四個層次（一）：念話頭、問話頭

一、參話頭不用想像

在我所建議的四個話頭當中，你們一定要選一個用。這四個話頭分別是「什麼是無？」、「未出娘胎前的本來面目是誰？」、「拖著死屍走的是誰？」，以及「念佛的是誰？」。

第一個「無」，是想要知道這個「無」字究竟是什麼？這非常乾脆，因為你沒有辦法想像，頭腦不會由於這個「無」而再去幻想出其他的東西來，或是想像著什麼道理、形相，這些都不會出現，所以這個「無」字是最有力的。

二十多年前，有位來參加話頭禪的女眾居士，我教她參「什麼是無？」，

剛好我當時正在講《六祖壇經》，說到禪是無相、無住、無念。這位女眾原先參「什麼是無？」，聽了我的開示後，頭腦一轉，想到：「師父講禪是無念、無住、無相，這就是『無』囉！無就是禪。什麼是禪？……。」

參著、參著，當她看到我雙手握著香板垂在身前，突然想到：「啊！我知道了。」她發現禪就是師父，師父拿著香板的樣子就是禪，於是她馬上來告訴我：「師父，我已經知道無是什麼了，無就是禪，禪就是師父。」我問她：「妳怎麼知道的？」她說：「你拿著香板的樣子，讓我發現師父就是個禪字。」

她把師父握著香板的樣子形相化、文字化了。她的頭腦轉得好快，從無變成禪、禪變成師父，她還以為參破了。你們說她參的是什麼？那是在打妄想。無，是絕對不能夠轉彎的。

又譬如說參「未出娘胎前的本來面目是誰？」時，你可能會想像、會給它一個名詞，或者是挖空心思地想：「我過去世長得什麼樣子？哦，我知道了，我做夢的時候常常夢到我的過去世，那大概就是我過去的本來面目吧！」

其次，參「拖著死屍走的是誰？」時，你可能說：「我現在還沒有死啊，拖著這個身體的就是我，這個我是什麼呢？」如果懂得佛法的人，還可能會給它名字：第六識、第七識、第八識；若是不懂佛法的人，可能會說是靈魂了。

至於參「念佛的是誰？」時，可能有人會說：「念佛的是誰？是我，我現在正在念，當然是我。」如此一來，話頭就沒有力量了。

所以，第一個「無」字話頭是最有力的。但是其他的三個話頭也還是有用，因為如果你對它有興趣的話，那對你就有用。只是用的時候，不能有任何的想像或幻境，若是有，要馬上告訴自己：「這不是、那也不是，重新再參。」

二、話頭的四個層次

話頭的四個層次，是念話頭、問話頭、參話頭和看話頭，也就是我們在用方法的時候，幾乎不可能一開始就進入疑團，那是相當不容易的。大概只有六祖惠能或少數的幾位大禪師，他們的根器深厚，很快就能夠進入疑團，乃至能夠開悟見性。

普通人在剛開始的時候，是沒有疑情的，如果已經有了疑情，那是因為對自己的生命產生了疑問，例如：「我的生命是怎麼來的？」或是看到有人死亡，特別是自己的親人，自己最重要、最愛的人死亡了，因此追問：「他到哪裡去了？我將來也會死，那我會到哪裡去？」

有了這樣的疑問，就是有了「生死心」，你在用話頭的時候，會很容易產生疑情；繼續用心、用功，還會產生疑團；再持續努力用功，疑團會爆炸，那就見性，知道本來面目是誰了，對於生死的問題、生死的價值、生死的意義，也都清楚了。這一定是已經先有了一種「疑」，才會一用方法就得力，否則的話，很不容易。

所以，你若是沒有這種「疑」，那就需要從念話頭或者問話頭開始，念了話頭再問，持續不斷，自然而然會產生疑情，乃至變成疑團，那即是參話頭了。

（一）生死心切念話頭

念話頭跟念佛、持咒都有相似之處。持咒是求感應，念佛是希望能夠與佛相應，那麼只是念話頭的話，似乎是一樁無聊的事。因為念佛或持咒，是一種宗教的信仰，而念話頭跟宗教信仰沒什麼關係，完全是在練你的耐心與恆心，更是鍊你的散亂心，讓它變成集中、統一的心。這是一種禪的修行方法，跟念佛和持咒是不一樣的。

你不要把念話頭當成是無聊的事，而要把這個話頭，當成是你掉入生死大海裡，或是掉進煩惱漩渦中時，一根救命的繩子。因為煩惱的緣故，你的心經常處在非常困擾的情況中，彷彿掉到漩渦裡爬不出來，又像是在生死大海裡，茫茫然不知道往哪兒去。在這個時候，來了一架直升機，從機上放了一根繩子下來，讓你可以抓住它。當你抓住這根繩子時，你絕不能放掉它，因為你一放掉，就又掉進漩渦或大海裡，甚至沉下去淹死了。

所以，要把這個話頭當成是你救命的一根繩子，牢牢地、不斷地念它，這樣念的時候，你的心自然而然會與妄念分離開來，漸漸地不再有妄念了。此時，你不會再去在乎自己的身體狀況，只知道念話頭，因為要救命，要將自己從漩渦裡救出來，否則，這時只要一放，你馬上又進入漩渦裡了。所以，要有這種懇切的生死心，話頭才能念得成功。

但是，念話頭的時候，是一句帶有問號的話頭，並不僅僅是一句話。譬如念「阿彌陀佛」時，是念一個名詞，而念話頭則是念一個問號。當你念的時候，一定要不斷地提醒自己，念的是一個問號，而不僅僅是一個字、一句話或是一個名詞。所以，持續不斷地念一個問號，慢慢地，就會變成問話頭了。

（二）鍥而不捨問話頭

念話頭的時候，如果沒有問號，譬如說你只是念「無」字而沒有問號，那「無」字就只是一個形容詞，意思是「沒有」，一直念著「沒有、沒有⋯⋯」，慢慢地會覺得很無聊，既然「沒有」，那還念它做什麼？所以，開始的時候，一定要帶有問號地念：「什麼是無？」

有的人很聰明，他想老是問「什麼是無？」很無聊，所以反過來問「無是什麼？什麼是無？……」，就算這樣翻過來翻過去，久了也一樣會覺得無聊，因為你已經認為無聊了，所以才將它換個花樣玩，玩了一段時間，沒有什麼好玩的，便又不想繼續下去了。所以，老實地問「什麼是無？」，不要玩花樣，也就是頭腦不要去想它有沒有意義，或是有沒有趣味。

在持續不斷地問那個問號的同時，你要相信那裡面有自己想知道的東西，只是現在還不知道，所以一定要不斷地問。

這在禪宗有一個比喻：「老鼠啃棺材。」棺材是木頭做的，而老鼠為什麼要啃棺材？牠可能是認為棺材裡有東西可以吃，也有人說老鼠是為了磨牙齒，否則會很不舒服。而禪宗是比喻老鼠對棺材裡的東西非常有興趣，雖然牠並不知道棺材裡究竟有什麼東西，只是每天去啃它，啃到最後，棺材就被啃破了。

我沒有看過老鼠啃棺材，但是我住在這棟房子裡時，每天晚上把門關起來以後，有一隻老鼠每到了一定的時間，就會來啃我的門角。

我被吵得睡不著，於是起身來看，才發現是一隻老鼠，牠一看到我就趕快跑。老鼠跑掉以後，我再把門關起來，可是等我睡覺了以後，牠又來啃。後來我不睬牠了，我想：「反正是老鼠啃棺材，雖然我還沒有死，管牠來啃我住的這個大棺材。」

這到底有什麼好啃的？不知道。不過我住在這裡三個月，牠也啃了三個月，而且牠老是啃同一個地方，不會換位置，就是一個位置一直啃下去，現在那個被啃的痕跡還在。

希望你們也能像那隻老鼠一樣，鍥而不捨地，啃一個話頭啃上三個月不放，相信你會開悟的。自己一定要相信這句話頭裡邊有東西：「我雖然對這裡邊的東西不清楚，正因為不清楚才想要知道，所以我一定要問到底。」持續地問下去，不要放下，不要放手。

如果你能一直問下去，自然而然會變成參話頭，你的疑團就會出現了。

〈第五天：晚上〉

《六祖壇經》：自見本性，無有差別

一、法無頓漸，人有利鈍

《六祖壇經》的第十六條說：「善知識，法無頓漸，人有利鈍。迷即漸勸，悟人頓修。識自本心，是見本性，悟即原無差別，不悟即長劫輪迴。」

這一段文字雖然短，但是內容非常豐富，談的是修行的頓和漸、迷和悟、快和慢。

六祖惠能說：「法沒有頓和漸的差別。」其中，「法」是指我們需要用的方法，以及用方法所希望達成的目標，包括理論的、實踐的，以及實踐的過程與目的。有的人很快就開悟了，有的人這一輩子是開不了悟的，甚至下一輩子也開不了悟。

在《法華經》中說，有一尊佛，他曾經修行了六十劫都沒有開悟，法不現前，但他還是持續不斷地修行。對他來講這是「漸」。另外，《法華經》裡也提到一位龍女，她只有八歲，可是卻即身成佛了，這就是「頓」。因為如果是利根的人，一點就破、一點就通了；如果是鈍根的人，那要花很長久的時間來訓練。

我從小對於數學沒有興趣，一看到數學就趕快逃，一直到現在，數字還是弄不太清楚，所以在數學方面，我是一個低能、鈍根的人。但是有些人天生有數學天分，一下子就學會了。還有，很多人一摸電腦就會，而我則是一看到電腦就怕。

可是，對於佛法，我是利根的人。昨天有一個人看到我在讀藏經時，不是由前往後一行一行、一個字一個字地看，他問：「師父，您看得這麼快啊！」我說：「因為我已經很熟了，當然看得快。對你來講，因為不熟悉這些名詞，所以會看得很辛苦。」其實這是要經過訓練的，我不是一出生或一下子就變成利根的人，也是訓練出來的。

修行也是需要練習的，即使是鈍根，練習以後也會變成利根，可是若不練習，永遠就是鈍根。還有，要對它有興趣，否則你再怎麼練也不會變成利根。因為有了興趣，你會想要練習它，自然而然會變成利根，因此要持續地、不斷地練習。

二、深種善根，用心經營

為什麼人有利根和鈍根之分？因為有的人善根很深厚，有的人很淺薄。「善根」就是我們已經打過的基礎，這多半是指在往昔生中所打下的基礎，例如釋迦牟尼佛是經過了三大阿僧祇劫後，才能夠成佛。我們這個世界上只有釋迦牟尼佛已經成了佛，未來彌勒菩薩將成佛，但是還需要很長的時間。

因為現在生到這個世界上的人，都是善根不夠，所以釋迦牟尼佛發大慈悲心，希望這個世界上的人能種善根，只要我們能聽聞到一句佛法，即是種善根，能夠修行一天，也是種善根，更要不斷地、不斷地經營，壯大我們的善根。

我去年在房子旁邊，播下了一些花種，之後下雪了，於是用草把它們蓋起來，等今年不下雪的時候，再把草拿掉，它們就會開始發芽。剛開始它們看起來瘦瘦黃黃的，好像沒什麼希望了，但是我的侍者每天為它們澆水，每個星期再施一點肥，並且除草，很用心地經營和照顧，結果現在這裡和禪堂後邊的院子，都開滿了這些花。

如果你不妥善地勤於經營和保護，能開一、兩朵瘦瘦小小的花給你看，已經不容易了，甚至還沒開花，就連根都枯爛了。所以，善根需要好好地經營，只要善根深厚，就不怕沒有果子吃，如果只是希望看花、吃果子，而沒有想要在根上面經營，這是顛倒的。

迷的人要漸漸地修，如果迷的人不修行，卻希望頓悟，這就好像不種豆而想吃豆，不種花而希望看花一樣。普通人自己沒有種豆子，可能會去買豆子、偷豆子，甚至搶豆子，但是自己不修行，你根本連搶也搶不到，偷也偷不到。所以，只有自己好好地耕耘才行。那麼迷人漸漸地修，要修多少時間？不要著急，先種善根、培養善根，等善根培養好了，自然會開花結果。

但是，我們看到禪宗的許多公案，非常令人羨慕。譬如，馬祖禪師有一位弟子，原本是個獵人，有一天遇到馬祖，馬祖問他：「你一箭能射幾隻鹿？」他說：「我的箭很準，每箭必中，百發百中，但是一箭只能射一隻鹿。」

馬祖說：「你沒什麼了不起，我一箭就能夠射一群鹿。」獵人說：「你是個和尚，怎麼沒有一點慈悲心，一箭就要射一群鹿？」馬祖回答：「既然如此，許多的鹿是生命，一隻鹿也是一條命，你又怎麼忍心射鹿呢？」

他聽見之後當下開悟，於是把弓箭燒掉，出家去了。一個專門打獵的人，卻一下子開悟了，而這即是利根，是頓悟。

修行必須漸漸地、慢慢地來，才能夠得到佛法的利益；如果你是利根人的話，一下子機緣成熟，很快就開悟了。不需要羨慕別人，以為是他的運氣好，或是上天對他特別優厚，其實不是，而是因為他過去已經修行很長的時間，所積累的資糧多，所以機緣成熟時，很快就能開悟。

三、悟境的層次

「識自本心，是見本性」，是說自己能夠認識自己的本心是什麼，也能夠見到自己的本性是什麼，這不是靠天，也不是靠佛，而是靠自己的善根。「本心」是什麼？心，有妄念心、有智慧心。妄念心是虛妄心，而智慧心是本心，除去妄念心之後，智慧心就會出現。所謂「妄念心」即是有自我中心執著的心，也叫作「虛妄心」，而放開自我中心以後，你能夠見到智慧，也就是智慧現前。

「本性」是什麼？本性是佛性，是我們每一個人都具備成佛的可能性。如果沒有佛性，人就不可能成佛、不能開悟。在成佛以前先要見性，也就是開悟，但開悟不等於成佛，而是知道、肯定自己有佛性。

如果以水來譬喻佛性的話，就好比我們天天都在喝水，應該知道水是什麼，可是對於從來沒有見過水，也從來沒有喝過水的人而言，即使你告訴他有水，他還是不曉得水是什麼。等到拿水給他看，或是指給他看，告訴他這是水，他才能了解，這就是見到了水，但還沒有喝到水。接著讓他喝水，知道水的味道，再進一步教他進入水裡，跟水生活在一起，最後，他自己化為水，不見了，只有水，沒有自己。

以上可分為幾個層次：首先，不知道有水；然後，看到水，知道有水；接著，喝到水，知道水的味道；之後，自己進到水裡；最後，自己化為水，而自己不見了。這是一層一層的，所以不是一下子開悟、見性之後，自己就跟佛完全一樣，而是已經肯定地知道自己跟佛一樣，有成佛的可能。所以，悟境有深、有淺，有大、有小。

除了善根之外，努力非常重要，如果過去的善根不夠，現在加倍努力，還是可以補救。

以參話頭而言，就是大疑大悟、小疑小悟、不疑不悟：「大疑」是進入了大疑團，而且是非常強的疑團，如果疑團爆炸了，你會有大悟的可能；「小疑」是你有疑，也可以進入疑團，但是力量不強，雖然可能也會有一點小爆炸，可是光度不夠強，所見到的也不是很深；「不疑」是沒有疑情，就只是念話頭一直念下去，永遠也不會開悟。

如果開悟了，那麼頓和漸、利和鈍都是相同的；沒有開悟的時候，才會有所分別。不過，若不是徹悟的話，則還是有頓、有漸，有利、有鈍。然而，沒有悟的話，那是在醉生夢死、長劫沉淪之中。

四、人身難得，把握修行

請你們不要認為沒有關係，心想：「反正善根要慢慢地培養，連釋迦牟尼佛都要經過三大阿僧祇劫才能成佛，所以我還是慢慢來好了。這一生已經覺得很累了，不修也沒關係，下一生再修吧！」或是以為「這一生好像修不好，那就留著下一生再修。」釋迦牟尼佛說：「人身難得，佛法難聞，中國難生，善友難遇。」人體這樣的形狀，是很好的修道工具，一旦失去了這個身體，是否有機會能夠再得到？

如果我們的煩惱很重、業障很重，這個人身是保不住的，死了以後會到哪裡去？不知道。

佛經形容人身難得，就好像是大海裡的一隻瞎眼烏龜，海面上漂浮著一塊木頭，木頭上有一個孔，這隻盲龜五百年才會浮出海面一次，而牠的頭剛好能從那塊木頭的孔裡伸出來，機率是這麼地低。不要以為現在不修行沒有關係，我們下一次再修；這一次禪十打得不好沒有關係，下一次再來。你可能會來，也可能來不成了。你說：「沒有問題，我的時間是自己控制的。」或許你可以控制時間，但是，你的命卻不由得你控制。所以，還是趁著能夠把握的時間，好好地努力修行。

〈第六天：上午〉

話頭的四個層次（二）：參話頭、看話頭

一、自然而然深入話頭

話頭雖然可以分成四個層次，但這四個層次並不是由我們去控制的，並非我們打坐多少時間是念話頭，再過多久以後，就從念話頭變成問話頭，然後再固定間隔一段時間，即成為參話頭，最後是看話頭。

參同一個話頭，我們叫作「本參」話頭，意思是你的根本方法，而這是從你初發心用話頭開始，一直沒變。首先，心中對這個話頭有興趣、有信心，然後你練習再練習，愈練習就對這話頭愈有興趣、愈有信心，那自然而然地會從念變成了問。

有的人一開始即是問話頭，有的人因為開始的時候，沒辦法一下子就有興趣、有疑，所以需要練習著念這個話頭，漸漸地會成為問。如果你直接有了這種疑，疑「我的生命究竟是什麼？這生命究竟是為什麼？」，那你可能一開始就是問話頭，問得力量強的時候，即成了參話頭。

（一）結合生命參話頭

「參話頭」的意思，其實是問話頭，從問話頭而深入話頭，跟話頭成為共同體，即是共同的生命——你的生命就是話頭，話頭就是你的生命。我過去曾經形容：「教自己進入這個話頭。」於是有人想像：「怎麼進去『無』字裡？」、「怎麼進去『本來面目』裡？」若你在想像著怎麼進去，那麼你跟話頭是分開的。

所謂「進入話頭」的意思，是指你在用話頭的時候，話頭就是你整體的生命，只有話頭，沒有自我，沒有自我的身體、自我的觀念、自我的感受、自我的所有物、自我的對象，你的生命就是一句話頭。

這有可能做到嗎？當然可以。因為當你問話頭問得很得力的時候，自然會忘記自己還有什麼雜念、妄想，不再留意身體的狀況，也不會在乎你吃什麼？在什麼地方？在什麼時間？你面對的是個什麼樣子的人或東西？這個時候，你看到的所有東西，包括你自己，都是你所問的話頭，這就叫作「參」。

參，實際上是從問變成跟話頭合而為一，這個時候，還有沒有在問呢？有。除了話頭以外，你的心中沒有其他東西，包括這個宇宙、世界等，因為你不在乎它們。可是你不要想像著：「我把宇宙、人、所有的東西，通通抓到話頭裡去。」這又是妄想了。

參話頭本來即是問的意思，譬如佛教有所謂「參訪善知識」的說法，便是去訪問一位大善知識，這叫作「參」。因為是非常誠懇地去請教，或非常誠懇地投入他的門下，不是只去看看、研究、調查，而是把自己的全部身心，投入在這位善知識的教導下，所以是「參」。

一直到現在，日本還沿用「參」這個字。譬如，進入寺院的步道叫作「參道」，不能坐車或騎馬，一定是用步行，甚至三步一拜地進入這座寺院。這樣做的目的，是將自己的生命投入，因為自己很愚癡，所以希望虔誠地投入寺院，從而得到啟示、得到智慧，此即是稱為「參道」的意義。這在中國已經很少用了。事實上，這是日本從中國唐宋時期學過去的，可能那時中國大寺院門口的步道叫作參道，是參訪善知識或是投入的意思。

我們現在參話頭，也是以一顆誠懇的、全部的信心去用這個方法，把生命投入方法之中，而這即是問本參的話頭。所以，我們應該用虔誠的、恭敬的信心來參話頭，而不是把話頭僅僅當成棉花絮來咬。

我在日本的時候，跟一位日本禪宗的和尚一起搭乘交通工具，無論是坐巴士、火車或電車，凡是經過道場時，他遠遠地看到有佛教的寺廟，馬上會很虔誠、恭敬地合掌、彎腰，目迎目送，等看不到這座寺廟了，他才講話，否則看到寺廟時，他是不講話的。於是我問他：「你這是什麼迷信，見到寺廟竟然怕成這個樣子？」

這位日本和尚告訴我：「過去的大修行人都會到處參訪善知識，一個地方、一個地方的參訪，像《華嚴經》裡的善財童子參訪了五十三個地方，日蓮宗的日蓮聖人也參訪了三十幾個地方。」他覺得很慚愧，沒有去參訪，所以當他看到了寺廟，就認為：「我相信那個地方是有善知識的，沒有善知識的話，不可能會有一間寺廟在那裡。」

我又問他：「這個善知識究竟是什麼樣子？」他說：「好的是善知識，壞的也是善知識，在寺廟裡的人不管表現如何，一定是有他的道理，所以都是善知識。我沒辦法拜訪他，因此我用虔誠的身行表示對他的恭敬，希望也能夠得到他的智慧。」

我聽了很驚訝，也很佩服，這是修行人的一種態度，以虔誠、恭敬的心對待自己所信仰的宗教，也是「參」的精神，能夠一看到、一接觸到，馬上就投入，這是不簡單的。

因此，我們必須要以全部的身心來用話頭，當你正在打坐，身心放鬆以後，不要再注意你的身體狀況，也不需要顧慮你現在所處的環境狀況，即使是在動態的狀況下，只要是在禪修道場的這一段期間，做什麼事都是單純的，無論是吃飯也好、走路也好、上洗手間也好，乃至出坡、掃地、擦窗子都是一樣。

譬如，擦窗子的時候，窗子是話頭；吃飯的時候，飯是話頭；上洗手間也是話頭；你見到人，人是話頭；見到樹，樹是話頭……，你的心裡只有話頭。此時，你當然還是看得到東西，但是心裡只有話頭，而不去想這是石頭、那是草、這是什麼……，如此，就是在參話頭了。

有一位禪眾看見象岡道場到了晚上，四周全部都是螢火蟲，他好興奮，跑來告訴我：「師父，我們象岡道場有好多螢火蟲。」我說：「螢火蟲跟你有什麼關係？」他回答：「我想法鼓山可能也需要。」我說：「法鼓山本來滿山都是螢火蟲。這是打妄想，不是在用功，你應該只看到話頭，而不是看到螢火蟲。」所以，這一看，就曉得是不是在用功。

真正在參話頭的狀況，並不是只有在打坐的時候。如果坐在墊子上時，像氣球一樣充氣，可是氣還沒有充滿，結果一下座，氣球的氣就洩掉了，這樣是不可能形成疑團的。

我自己的疑曾經保持過三個月，在這三個月當中，都是問題、問題、問題。

雖然我想了很多的問題，並不是用同一句話頭，但是這些問題其實都圍繞著同一個主題——與生死有關的問題。例如：生死是怎麼一回事？生命是什麼？

中國近代大禪師，揚州高旻寺的來果禪師，在他還沒有當住持，仍是一個清眾的時候，一天他在禪堂裡用功，用功到忘了時間、忘了一切。到了吃飯的時候，他忘了吃飯，只是拿著碗筷，維那看到他拿著碗筷卻不吃飯，就打了他一個耳光。這一打，疑團雖然還在，但是卻岔了氣，調養了滿長的一段時間。

後來，他自己一個人去行腳，行腳的時候，話頭、疑團始終還在。他行腳時，背著一個蒲團，手上也有缽，肚子餓了，若是有人家，就向人要一點東西吃，沒有人家，就喝一點水或是吃一點野生的植物，每天不知道東南西北，不知道你、我、人、動物，雖然每天都在走路，卻不知道自己走在哪裡。

其實他是在疑團裡，他的生命就是那句話頭，話頭就是他的生命，而這樣的情況，保持了三個月。後來，高旻寺的老和尚往生前，派人把他找回來，經過老和尚驗證，印可他已經是開悟了的。之後，他接任方丈時，就立了一條「過堂吃飯時不准打巴掌」的規矩。

禪修有三個階段，第一階段是散心的時候，分別心非常清楚，妄想、雜念、執著都還很重，這個階段形容為「見山是山，見水是水」，這時執著山、執著水，什麼都執著。

第二階段是只有話頭、只有疑團，此時一樣可以見到山、見到水，但卻沒有分別這是山、那是水，因為他的生命就是話頭，話頭就是整個宇宙，實際上這是處於內外統一的狀態，而這時已經非常深入話頭了，叫作「見山不是山，見水不是水」，仍然是有山有水，只是不再去分別它、執著它，或是跟它對立，這是參話頭產生疑團的階段。

第三階段是疑團強烈到發生大爆炸，這時又是「見山是山，見水是水」，雖然有山有水，但是沒有我、沒有自我中心的執著。自我中心的分別心、自我中心的煩惱、自我中心的種種障礙沒有了，一切都是那麼地自然——用智慧處理事，用慈悲對待人。

雖然有山、有水、有人、有好、有壞，但是跟自己沒什麼關係，然而眾生還在，所以要度眾生，這時要發願心。事實上，沒有了自私心的時候，慈悲心自然一定會產生。

（二）長養聖胎看話頭

到了這個層次，話頭還是要，這即是「看話頭」。徹悟以後，還需要保任，稱為「長養聖胎」。

如何長養聖胎？用話頭。若是沒有話頭的話，聖胎就不容易成長，所以還要保任、保護它。若不保護它，還是會退，因為尚未得到大解脫的緣故。開悟並不等於成了聖人，徹悟也可能不一定是聖人，所以還是要保任你的工夫。必須修到無生法忍，從此以後不但煩惱不會生起，連煩惱的根都已斷了一部分，這才是聖人。

如果煩惱只是暫時不生起，那仍然是凡夫；如果煩惱不會再現形，可是內在煩惱的根還在，這是「賢」而不是「聖」。通常我們所謂徹悟的人，大致上是進入賢位的階段，信心已經成就，能夠調伏煩惱，但是還沒有斷煩惱，因此要長養聖胎，就像是胎兒一樣。

到了賢位的階段，還會不會退失？會退，好比有人懷了孕卻不小心保護胎兒，那麼胎兒可能會流產，所以要好好地保護胎兒，不能讓胎兒受傷害。孕婦為了保護自己的孩子，一定要照顧身體和心情，自己的身心健康，生出來的孩子也才會健康。

因為禪宗很少談論修行到什麼層次、斷多少煩惱，所以我是根據天台學和唯識學來說的。

〈第六天：晚上〉

《六祖壇經》：無念為宗、無相為體、無住為本

一、修行的次第——無念、無相、無住

《六祖壇經》第十七段：「善知識，我此法門，從上以來，頓漸皆立無念為宗，無相為體，無住為本。」

這一段是《六祖壇經》最重要的思想，點出我們的佛性是什麼、如何明心見性——見到佛性。你如果能夠切實地照著這三個原則——無念、無相、無住去做的話，就能夠明心見性；而明心見性以後的人，也還是無念、無相、無住。

《六祖壇經》在解釋這三個名相時，並沒有依照前面所提到的次第來說，而

接著是：

何名無相？無相者於相而離相；無念者於念而不念；無住者，為人本性，念念不住。

是先無相，後無念，再無住，這不是錯誤，而是有它的原因。前一段先講無念，後講無相，再講無住，這是修行的次第。修行的時候，是從無念開始，先練習讓你的心念不要在妄念上面打轉，因為如果有妄念或雜想，你便沒有辦法修行。

「無念為宗」的「宗」，是目的或目標的意思。無念是沒有自我中心的執著，是解脫，是我們要達成的目標。修行從開始到結束，都跟無念相關，亦即開始是從無念著手，所要達成的目標也是無念，因此經文首先標出它的宗旨和目標。

其次，「無相為體」的無相，是沒有自我與非我對立的相，無自我相、無非我相，亦即沒有「是我、不是我」的對立。《金剛經》提到的「我相、人相、眾生相、壽者相」中，「壽者相」是時間，而「我相、人相、眾生相」是指在時間裡修行的人，或是生存、活動的人。人在時間裡，實際上即是我們整體的生命，也就是「生命相」，本來是沒有的，因為無常的緣故而有。

最後，無住即是如《金剛經》所說的，雖然「應無所住」，但是心無住並非死人，而要生起智慧心、慈悲心來。這是在已經體驗與實證了無念、無相之後，就能生起無住的功能。因此，六祖惠能聽到《金剛經》中「應無所住而生其心」的經文時，就開悟了。所以，無住是說明悟後的心態。

二、著力於有相，以達成無相

那麼，點出「無念為宗，無相為體，無住為本」之後，為什麼接下來卻先解釋「無相」，接著「無念」，最後「無住」？因為雖然我們希望達成無念，但是著手的時候，一下子就教你無念，這可能性不大。

譬如六祖惠能教惠明禪師「不思善、不思惡，正在這個時候，什麼是你的本來面目？」的時候，好像其中一定有個人在不思善、不思惡；而「正在這個時候，什麼是你的本來面目？」裡面，也好像是有個人的本來面目在，其實這都是有相的，若是沒有相，你就沒有著力點來達成無念。所以，開始用功的時候，是希望達成無念的目標，但著力點是從有相開始的。

不過，在用「相」的時候，你必須知道這些「相」都是假相、是虛妄相、是空相，不是真實相，這是基本的佛法——無常。什麼東西是無常？我是無常，整個我的身心都是無常，而了解了無常，也就是無相了。因此，是以有相為著力，來達成無相。

我曾經有一個老朋友，是一位教授，現在已經退休了。我每次向他問候的時候，他總是嘆口氣說：「唉，無常啊！」我說：「怎麼了？」他回答：「我的爸爸前不久往生了。」過了一段時間，我又問候他：「你好嗎？」他又嘆一口氣：「唉，無常啊！我媽媽也往生了。」再過一段時間，我再問候他，他又說：「無常啊！我的老伴也走了。」

第四次我問候他：「你的孩子好嗎？」他回答：「最近生了一個男孩子。」我說：「這是一樁喜事，恭喜你。」他卻嘆口氣：「無常啊！」我問他：「才剛剛生孩子，你怎麼說無常呢？」他回答：「他生的孩子是他的，沒有孩子以前他還跟我住在一起，有了孩子以後，就搬出去另組一個家庭了。」

現在他只有一個人了，可能下一次就輪到他無常了。生命就是這樣，一個家族也是這樣，最初是由少變多，再由多變少，最後只剩下一個人，乃至連一個人也沒有了。

三、當下即知無相，才是智慧

如果能夠知道無相，體驗到無相，在有相的時候就要看到無相，那才是真正的修行。不要等到死了一個親人，或是孩子離開了，才知道無相，可是實際上，自己心中還是有相。在一切都有的當下，就要知道這本身是無常、無相的，這樣才是真正的修行。

這位教授是學佛的，雖然口頭講無相，但是心裡很難過——爸爸死了很難過，媽媽死了很難過，老伴死了很難過，孩子搬出去以後心中捨不得，自己很孤獨，實在是難過。像那樣的話，無常變成了煩惱，這是有相還是無相？若是能夠真正的無相，那麼在自己健康的時候、家族還很美滿的時候，你知道當下就是無相，這才是智慧。

大約四十年前，有一位學佛五十多年的老居士，當他八十多歲時，老伴過世了，他覺得非常痛苦，血壓也升高了，於是到我們的中華佛教文化館來暫住幾天。

他說：「老伴走了，想想自己活著也沒什麼意思。」當時，有一位年輕的法師聽到後，對我的師父東初老人評論這位老居士：「這個老人真是無聊，死掉了老婆，也只不過是一位老太太，既沒有用又不好看，還這麼傷心，真是沒出息。」

我的師父說：「你不要講風涼話，因為死的不是你的老婆，如果是你的老婆死了，你也這麼講的話，那你了不起！自己想想看，如果你真有個老婆死了，你也會像他這樣的。」

這位老居士老是在念著：「人生真是無常，想不到我跟我的老伴結婚短短五十多年，她怎麼一下子就走了？五十多年好像很快，真是無常啊！」他也講無常，但是也很難過。

老教授跟老居士都知道無常的道理和現象，只是他們並未實證到，如果實證了有相就是無相，那就能體認無論太太活著或是死了，本來都是無相。

因此，《六祖壇經》說「於相而離相」，叫作無相。當你有的時候，要知道當下即是無常，這只是一個過程，是暫時性的現象。你不要太執著它，但是要用它，因為它是一個工具。

四、於念而不念，念念是無常

「無念者於念而不念」聽起來似乎滿奇怪的，可是事實上，這是一種修行的狀態。當我們觀察有相就是無相的時候，我們的心念是有的，否則沒有辦法觀察一切的相。

是誰在觀察「有相就是無相」？是用我的心念在觀察。當我用心念觀察時，念頭是不斷地在生滅，這就是無常相，念念是無常。因此，外在的物質相是無相，而我們心念的心相也同樣是無相。不執著自己現在這一念，叫作無念，如果執著它，這一念就變成了你自己，是自我相，而這又是煩惱。

那究竟是有念還是沒有念呢？有念。有念頭，有心理的活動，但是不要把心理的活動當成是自己不變的我相、我的心相，這即是「於念而不念」，也就是無念。若是入了深定，這時念頭很微細，你不會感覺到有念頭。但是，在參禪的時候，我們是有念頭的——問「什麼是無？」，這是念頭；進入疑情、疑團，也是念頭。

無住是從《金剛經》中「應無所住而生其心」延伸出來的，這是已經徹悟，實證無相，所以才能夠無住。但是《六祖壇經》說的「無住」，是從「無念」接續下來的。如果不能「於念而不念」的話，那你繼續觀察你的每一個念頭，就會知道它是不停留的。念念不停留，好像是瀑布的水，永遠遷流不止，而這還是指「念念無常」。

〈第七天：上午〉

見性即是見空性

一、斷見與常見都是邪見

如果有人認為：「什麼是無？本來就是沒有，還要問什麼？」可能會變成斷見。

你若是猜想：「我的本來面目是誰？這裡面一定有個東西，可能是靈魂、神，或者是神給我的東西。」這又變成了常見。

另外，「拖著死屍走的是誰？」可能讓人聯想到拖著死屍走的，大概是自己的靈魂，或是自己的某種東西，好像無論如何，身體可以死，死了以後再換一個，一次一次地變換，但是靈魂不變。好比今天住這家旅館，明天住那家，旅館在換，可是自己沒有換，這也是常見。

對於「念佛的是誰？」，也可能有人會推論：「念佛的人將來會到西方極樂世界跟佛在一起。本來應該是跟佛一起的，後來因為犯了罪、造了業，所以被打落到這個世界。」其中好像有個東西，這又是常見了。

所以，許多人很可能問第一個話頭「什麼是無？」的時候，會落於斷見，問另外三個話頭的時候，如果本身觀念不清楚的話，又會變成常見。常，是指有個不變的東西；斷，則是沒有這樣東西，並且什麼也沒有。釋迦牟尼佛說這二種都叫作邪見。

因此，參話頭的時候不要轉念，你一思考或一轉念，很容易不是落於斷見，就是落於常見。所以用話頭的時候，凡是跟你的知識、經驗相應的任何一個發現，讓你認為：「我得到了！」那你所得到的就是一個邪見，不是真正的見性。因此，只要有任何念頭出現的時候，趕快放下它，繼續用話頭。

二、當下體驗「苦、無常、空、無我」

釋迦牟尼佛最初說法，是開示「苦、無常、空、無我」的基本佛法。苦的意思是有煩惱。煩惱不一定是因為物質生活條件差，而是自己心理的矛盾、前念與後念的矛盾，或者是身心的衝突，以及自己的心跟環境現象的衝突，所產生的煩惱，這是苦。

物質生活條件不好當然可能苦，但是生活其中的人不一定覺得苦。許多大修行人的物質生活都很差，但是卻很快樂；而很多有錢人生活優渥，但是很煩惱，因為他們的內在、身心有矛盾與衝突，和環境也有矛盾與衝突，這是因為沒有智慧的緣故。

如果能夠用智慧看到身體、心念和環境的狀況，一切都是暫時的現象，隨時隨地都在變化、是無常的，當下你的苦就空了、不存在了。苦的原因是不能認知和體會無常，僅僅聽懂「無常」這個名詞是不夠的，一定要當下體驗到無常，那就不必生氣，也不必煩惱，苦也就沒有了。

「空」是要空掉什麼？空掉苦、空掉對於身心、環境各種現象的執著。空了以後，就沒有我、沒有自我中心的執著了。

三、「人無我」、「法無我」，出離一切法

開悟見性的「性」，就是無常、無我的空，只是給它一個名詞——「空性」，而「性」的意思，即是本質。

早期《阿含經》沒有講到空性，只講空。所說的「無我」，是指個人自私的「我」沒有了，由此而得解脫，此後便進入涅槃境，也就是涅槃法。因為五蘊假合的「我」是沒有的，所以解脫者不願意再進入五蘊假合的法，亦即世間法之中，而解脫以後，便離開了這個世間，與這個世間沒有了關係，因此才說有世間法、出世間法，彼此是對立的。然而，這樣的說法不夠究竟。

所有佛和大菩薩沒有了對自我的執著，但是他們也不會執著於世間法或出世間法，皆得解脫：從自我的、自私的執著得解脫，然後出離世間法與出世間法，

也得解脫，這是兩重。前者是「人無我」，後者是「法無我」，這即是大乘佛法。而大乘佛法的「法無我」，與見性的「性」也有關係。

到了《般若經》所說的空，是一切法的空性，但並不是什麼也沒有。一切法，包括世間法和出世間法，其本性就是空性。無論是觀念的、物質的、抽象的、具象的，只要有一法，它的本性都是無常的，如果說是常或不變，即是不究竟。

因為二乘人的智慧不夠圓滿，所以認為阿羅漢的寂滅涅槃，是常的、永恆的、不變的。因此在《法華經》、《楞伽經》裡都說了一個比喻：聲聞、緣覺二乘人的進入涅槃，好像是喝三昧酒喝得酩酊大醉一樣，但醉後還是會再醒過來。所以，雖然進入解脫三昧的時間很長，必定還是會從三昧中出來，出來之後，發覺這樣的涅槃是無常的，是不究竟的，因此，必須重新再修菩薩道。

聲聞、緣覺與菩薩、佛不同的地方，在於智慧與福報的差別。二乘人雖有智慧，但不夠圓滿，福德也還不夠，因此沒有辦法得到究竟解脫。所以，佛告訴我們，不要先求進入涅槃，因為在你「酒醉」的那一段時間，是空掉了的，等你醒來，還是要修菩薩道。

既然如此，何不一開始就邊修解脫道，邊修菩薩道？這樣便可以從「我空」進入「法空」。這個「空」是空去一切法的本性，甚至涅槃法其本身的性質也是空的。因為二乘人的涅槃還會退失，會從酒醉中醒過來，所以是無常，不是永恆，而無常法的本質就是空，稱為「空性」。

四、覺悟空性，智慧反應

一切法，不管是世間法或出世間法、煩惱法或解脫法，它們的本質皆是空的，都叫作「空性」。請問哪一樣事物沒有空性？哪個地方沒有空性？

這空性在你開悟的時候，對你自己來說叫作「佛性」，此時你看眾生皆有可能成佛，因為每一個眾生，無論身心都是無常，其本質都是空的，所以每個眾生都有佛性。

至於無情的眾生，是不是也可以成佛呢？當你成佛的時候，看無情眾生也成佛了。不過無情眾生本身是不會成佛的，它是有情眾生的附屬品，雖然其本質也是空的，但不是佛性，而稱為「法性」。

本質同樣是空、無常，對有情眾生而言是「佛性」——具有成佛的可能性，而佛就是實證本質是空。「法性」的意思，是指對無情眾生而言，它不能成佛，但它本身的性質也是空，所以叫作「法性」。因此，空性是遍於一切有情、無情的。

我們要悟的佛性，是悟到一切法的空性，包括自己的本質也是空性，所以叫作「見佛性」。「佛」的梵文是buddha，意思是「覺」，能夠覺悟到一切法的本質都是空性，所以叫它「佛性」，也可稱為「覺性」，而木頭、樹等無情界，因為沒有辦法覺悟，所以它只是一個現象或者一樣事物。

佛性與法性是空性，是不是等於什麼都沒有了？不是。只是覺悟到自己的本質是空性，然而覺者還在。覺者是智慧者，覺的功能就是智慧，當智慧的功能還在的時候，他是有反應的。與世間一切眾生互動的時候，即產生智慧的功能，這是慈悲的表現。用智慧來度眾生，這個行為本身就是慈悲。

那麼，覺者是誰？菩薩（bodhisattva）稱為「覺有情」，而佛（buddha），則是已經圓滿的覺者。因此，是有覺的功能——度眾生的功能，而不是什麼都沒有了、斷滅了，但也不是有一個固定不變的東西。所以佛菩薩可以因應眾生的需求，在任何環境中出現，也可以顯現種種的形相、種種的形態，甚至於變現地獄眾生的樣子。

那他們受不受苦？他們如果有身體，雖然也會感覺痛，但是不會覺得苦，因為他們知道一切法的本質是空，所以不會覺得心裡煩惱、怨恨、不舒服、不公平。所以有菩薩、有佛，斷見是錯的。

因此，參話頭的目的，就是參到見佛性。見了佛性，你的煩惱會少一些，你的信心會很強，你的慈悲心也會出現，因為智慧和慈悲是同時的。如果你自認為見性了，但是你一點慈悲心也沒有，那這一定是假見性。

〈第七天：晚上〉

《六祖壇經》：勤修無念、無相、無住

一、「無念、無相、無住」是整體的

「無念、無相、無住」這三者具有互動、連貫的關係，並不是各自獨立的。因為在入手修行禪法的時候，如果沒有「相」就沒有著力點，如果沒有「念」就沒有用功的你了。所以念與相，一個是能修行的念頭，一個是被修行的工具，或者是修行的對象。到達完全無念、無相、無住的時候，那是整體的，沒有前後的，不過在修行的時候，是有前有後，彼此是互動的。

「無念為宗」的「宗」是目標、宗旨，是我們希望達成的成果。譬如禪宗的「宗」，很多人把它當成宗派（sect），將禪修的這派人，稱為禪宗。可是，從禪宗本身的立場而言，它並沒有這樣的意思。《六祖壇經》中提到「宗通」、「說通」，「宗」代表我們的目標是明心見性、頓悟成佛，如何才能達成這個目標？要無念。

「無相為體」的「體」是指我們先要有相，用有相來修成無相，而且從有相來實證無相。佛法所謂的「無」、「空性」，是指一切現象的本身、本質是空、是無，既然本質是無，那本體當然也是無，所以是無相。

「空」和「無」的梵文是（śūnyatā），因為要譯成中文很困難，所以有人譯成「空」、有人譯成「無」，但是不論譯成「空」或「無」，意思都模糊不清，容易讓人產生誤解，不能完整表達原意。此處的「無相」，並不是沒有一切現象，而是指所有一切現象的本質是無，是沒有相的，也就是空性。而「體」，即是本質。

「無住為本」的「本」，是絕對的原則，一定要心無所住，心不住於任何一念——念念都在遷流變化，念念相續，不住於任何一念，即是「無住」。達成這個目的時，實際上「無念、無相、無住」是同樣的，只是表達時，無念是目標，相是工具，無住是原則。

這是修行的方法，也是修行的觀念，如果不了解這些觀念，你在用方法修行的時候，不會是正確的。「無念、無相、無住」及「定慧同時」，都是《六祖壇經》的核心思想，所以要不厭其煩地說得更清楚。

二、無念是離念，有念不執著

「無念」是「於念而離念」。在修次第禪定，亦即四禪八定時，必須捨念。在三界九地❶中，有一地是「捨念清淨地」，即是把念捨掉，捨到最後是無念，在無念的狀況下，是止於一念，不再有其他的念頭起伏活動，只有意識存在。

意識與念頭不一樣，意識是存在的，知道存在；而念頭是有起伏、有動的、有反應的。於念而如何能夠離念？即念頭是有的，但不要執著你剛才想的是什麼，或是執著這個念頭對你有什麼影響，過去就是過去了，不要再去想它。

譬如，參「什麼是無？」時是有念頭的，但是你不要再思考著：「是誰在問這句話？我問話頭的時候，問得對不對？」或者老是在檢查：「我問的時候有沒有疑情？」、「師父說，話頭分成四個層次，我現在到第幾個了？」這就是妄念，不斷地有妄念出現。「於念而無念」是指你在用方法，明白清楚地用方法，但不要再去想你是在什麼層次？現在是什麼狀況？是好或不好？這些念頭都不應該產生，不執著你自己現在念頭的狀況，就是「離念」。

三、無住是念念遷流皆不住

「無住」是原則，是念念不住。其中有兩種意思：（一）遷流變化，所以是不住；（二）不去執著遷流變化的那些念頭。後者是不執著、不在乎的意思，前者是不停留的意思，不停留就是無常，亦即我們的念頭是無常的、是不會停留的。

佛經中說，我們的念頭在一彈指之間，有十六次生滅，即在一彈指的時間裡，念頭已經生和滅、生和滅了十六次。也有記載說，一彈指之間，也就是一剎那之間，有六十次生[2]，那就更微細了。通常的人根本來不及數在一彈指之間究竟有幾個念頭，你可能覺得：「我剛才沒有想什麼，沒動什麼念頭。」其實，念頭是在動的。

「念頭」的意思，一者指思想，另外則是指念的波動，可以用儀器來測量。有禪定的人，他的腦波是非常平穩的，但還是在動；沒有禪定的人，他的腦波便起伏很大。譬如一個人正在生氣時，腦波的上下起伏差距很大，這從現在的科學儀器就能測出。

我們的念頭，實際上是念頭群，一種思想之中有不少的念頭群在，因此測量念念的起伏時，再去分析出這一念從生到滅之間，還有兩個過程：「住」和「異」，亦即「生、住、異、滅」。

「生」是念頭剛剛生起來；生起來時它是有一個點的，這任何一點叫作「住」；住的時候，實際上是在動，所以又稱「異」；然後念頭消失，則是「滅」。任何一個微細的念頭生出的時候，都有生、住、異、滅四個階段。

很多人在粗的念頭滅過很久以後，才發覺到：「我剛才有念頭！」生的時候不知道，住的時候也不知道，變動的時候，更不知道，只有在它過去了才發現到。

四、虛空粉碎，大地落沉，法身現前

我們平常的念頭是持續不斷的，但是在修行大乘禪法的時候，並不是要我們沒有念頭，如果沒有念頭，那就入了次第禪定，所以還是要說「於念而離念」。「離念」的意思是念念在動，但不住於念。

如果我們用話頭用到疑團爆炸，這又形容為「虛空粉碎，大地落沉」，是指心如虛空，而虛空沒有了；身體在大地上，而大地落沉，所以身體沒有了，也就是看到它的本質、本性是空。心的念頭中，有虛空，虛空的本質是空；有大地，大地的本質是空，這個時候的心，叫作「不動心」。「不動心」雖然有反應，但是不動煩惱的心、不動執著的心，所以是「離念」，也叫作「念斷」。

我們在修行的過程中，要練習著離念，練習著不要管它，要離開它，但是當你虛空粉碎、大地落沉，明心見性的時候，從此念已經斷了，沒有什麼念頭要離的，此時，有的是智慧的功能。

比喻來說，當我們在用功的時候，好像是鏡子上面有很多灰塵，或者是鏡面上凹凹凸凸的，所反映出來的東西，都是扭扭曲曲、模模糊糊的，看不清楚，不知道是什麼。而當我們明心見性，也就是話頭的疑情、疑團爆炸的時候，你發現那面鏡子其實是平滑的，是非常明淨的，平、淨、明、朗，甚至連鏡子的本體也不見了，只有反映作用和功能，雖然反映得非常真實，但鏡子本身是不會動的。這個時候叫作「斷念」，斷掉我們的妄念、執著念。

念念相續即是「住」，每一念都是住的；如果念念不住，念就斷絕、不相續了。而斷絕以後，每一念沒有了妄念、執著念，這個時候，我們自己的法身現前。所謂「法身」，是指佛的法身，而這個佛是我們自己，也就是我們見到了自己的法性身，法性身即是佛性。

註釋

❶ 禪修中有「三界九地」，「三界」指欲界、色界、無色界，「九地」是色界四禪天之四地（初禪天，離生喜樂地；二禪天，定生喜樂地；三禪天，離喜妙樂地；四禪天，捨念清淨地），無色界四定（又稱四空定）所生的四地（第一層天，空無邊處地；第二層天，識無邊處地；第三層天，無所有處地；第四層天，非想非非想處地），再加上欲界一地（五趣雜居地），共有九地。這些通通叫作世間禪。

❷ 據《大智度論》卷三十、卷八十三記載，六十念為一彈指。

〈第八天：上午〉

修行佛法的次第

一、修行的五個階位

修行佛法的次第，從初機接受佛法開始修行、實踐，實踐的時候又分成很多層次。開始的時候是修行「資糧位」，「資糧」的意思是準備工作，準備我們修行的基礎，打基礎工夫。由此「資糧」基礎，更進一步加功用行，此時進入「加行位」。在資糧位的時候，又稱「順解脫分」，因為已經建立信心，沒有建立信心以前，還不算是進入資糧位；到了加行位的時候，則叫作「順抉擇分」。在修集資糧、加功用行的時候，都還是普通的凡夫，但是已經從外道或者是沒有進入佛法的情況下，而能進入佛法的修行。

直到真正體驗到佛法的時候，即是「見性」，其中有著不同的深淺層次，有人見的是「空性」，有人則見到「實性」，即是見到佛的實性，但是見性並不等於解脫。然後，真正得解脫一分時，從此進入聖位，成為聖人。見性時也就進入了「見道位」，亦即「六根清淨位」，接著將煩惱全部調伏了以後，再繼續一分一分地斷除無明，這個時候則是「修道位」，在修道位的時間滿長的。過了修道位以後，才是成佛，就是「究竟位」，這一共有五個階位。以上是根據唯識的修道階位，亦即「唯識五位」或「唯識修道五位」來說的。

因為禪宗不講層次，所以很多人便隨意猜測：這個人已經開悟成佛了、那個人已經明心見性了，好像成佛或明心見性都很容易，但這都是有問題的。因此，我根據唯識的修道階位來說明，請大家不要急著想開悟，因為你的準備工夫還沒有做好。

為什麼開悟以後要保任、要長養聖胎，還要繼續地用同樣的方法，提起本參話頭？因為見性就像是你進入胎裡成為胎兒一樣，必須好好保護它，這即是「安胎」，若不保護它，這個胎兒很容易流產，否則就算生出來，也不會太健康。所以在見性以後，更要精進地用功，而不是一見性以後，就沒事了。

很多人因為煩惱很重、很痛苦，在沒有辦法的情形下來學禪，希望能夠見性，以為見性之後，什麼問題都解決了。其實這是誤解，如果真是這樣的話，那就沒有了因果，就好像沒有投資，卻想賺大錢一樣。

我曾經遇過幾個例子：有的人自己生活得不快樂，跟別人相處也不順利，所以要求出家。我問他們是否準備好了，他們說：「一切都準備好、全部放下了，所以來出家。」這些人進到寺院以後，天天要求：「師父，我什麼時候剃頭？什麼時候換僧服？」

我問：「為什麼這麼急？」他們說：「因為我的煩惱還在，只要我衣服一換、頭一剃，大概煩惱就沒有了。所以，師父，您趕快為我剃頭，讓我換僧服。」我說：「煩惱不是衣服、不是頭髮，煩惱是我們的心，若是你的心裡有煩惱，即使將頭髮剃掉，甚至把你的頭皮扒掉，也沒有用。」

二、善根顯發，六度起修

調心，要慢慢地用功調，一定要經過資糧位，沒有經過修行累積資糧的階段，是沒有辦法明心見性的，煩惱也沒有辦法調伏，乃至斷除。

昨天我小參的時候，有一位德國來的禪眾說想要出家，我問他：「你在學佛的過程中發生了什麼事？為什麼想出家？」他說：「我參加法會以及參加短期出家時，都非常感動，所以我覺得應該要出家了。」

有的人一聽到念佛的聲音，會很震撼、會流淚；有的人參加某種儀式，那樣的氣氛會讓他很感動；也有的人聽到法師說法，或是說法的內容讓他很感動，就突然流淚，甚至嚎啕大哭，而且每一次聽到同樣的聲音或法義、看到同樣的景象，也會流淚。有人因此說：「這個人見性了。」這是錯誤的想法，因為這種現象，只能證明這個人過去是有善根的，這是一種善根的顯發，表示他適合發心修行。有了善根，現在要開始起修，好好地努力，進入資糧位去。

修資糧位時的信心，是從善根產生的，但善根還是要培養，如果你不培養它，那就沒有用。培養的時候，有的人是個人培養，自己做得了主；有的人因為過去世結的善緣多，所以其他人也幫他培養，「因」和「緣」都非常順利，那就比較快進入資糧位。

如果自己有善根，但是逆緣——反方向的緣滿多的，容易被干擾，自己往往做不了主，這是業障，障礙你不能修行、不能進入資糧位。當你發現有障礙的時候，應該要懺悔，就如同〈懺悔偈〉的內容：「往昔所造諸惡業，皆由無始貪瞋癡，從身語意之所生，今對佛前求懺悔。」經常有懺悔心，障礙會漸漸地減少，你就可以真正開始修行了。

不要自認為：「我是沒有善根的，所以沒有辦法修行。」或認為是別人障礙自己，因此自己只好不修行了。有人說：「因為太太不讓我修行，所以我也沒辦法。」這是把責任推給別人。為什麼會有人障礙你？是因為過去你造了惡業的緣故。所以，修行時有了障礙要懺悔，等障礙漸漸地減少或消除，你就可以進入資糧位了。

有的時候，你在修資糧位時遇到的障礙，是要你不斷地懺悔和努力，然而實際上你已經進入資糧位了，這必須要靠你的悲願、你的願心來保持。善根是建立信心，發願才能保持資糧位，否則會退失。進入資糧位還是會退的，即使開悟、見性以後，也還是會退，但是見性以後，即使還會退，也不會再墮入地獄了。

我相信現在你們每一個人都已經進入資糧位，要不然就不會來禪修。修資糧位的時間相當長，修的是布施、持戒、忍辱、精進、禪定、智慧這六度波羅蜜，自利、利他的工作都要做，而非僅僅是打坐。首先是布施，布施三寶，布施眾生，這要有慈悲心、有奉獻心，又叫作供養心，這是利他。

我們修行的禪法是大乘法，所以一定是以慈悲心為先，慈悲心即是菩提心，而菩提心與出離心一定要配合——布施是慈悲心、菩提心，持戒、精進是出離心，菩提心與出離心就好像是鳥的雙翅，如果只有一隻翅膀，那就飛不起來，也不能成為菩薩行者。

因此，在修資糧位時，是偏重於利他行，而較輕於出離心，但是一定要對出離心下很大的工夫，否則專門做利他行，就變成了普通人，而不是修行人了。所以，在心理上是以慈悲心為主，但是著力點還是在於出離心，如此才能成為資糧位的修行法。

修出離心，除了精進、忍辱之外，還要修禪定和智慧。我們正在禪堂用話頭，就是禪定和智慧同修：在這裡不會傷害人或是做壞事，這是持戒；努力用功是精進；忍背痛、腿痛，這是忍辱。

三、話頭修行即調心四層次

我之前提到話頭的修行，有四個層次：念話頭、問話頭、參話頭和看話頭，事實上，調心也有四個層次，即是從散亂心、集中心、統一心到無心，我們的目標是無心，也就是話頭四個層次中的看話頭。

剛開始是念話頭的階段，這時一定是散亂心，一邊念一邊打妄想，有時候還會忘了念話頭，有時候則是念話頭和妄想同時並行，或是交錯著並行。此時知道有散亂心是好的，因為你還沒有用話頭之前，連自己的心散亂都不知道，所以一開始用話頭，才會發現自己的心很散亂。

到了問話頭的時候，是你對話頭產生了興趣，散亂心也漸漸地減少了，你的心念大多集中在話頭上。因為對它有興趣，所以此時有了一點疑情，而這即是集中心。

進一步，自然而然會進入參話頭，這時身心一定是統一的。所謂「統一」，是指你不再注意自己的身心。身心統一之後，你跟環境也會漸漸地統一，進入「見山不是山，見水不是水」的情況，也就進入疑團了。

進入疑團時，你整體的生命、整體的宇宙，無論是時間或空間，就只是一個話頭，這是「統一心」。等到疑團爆炸了、粉碎了，即是雨過天晴，一片光明，這是「無心」，亦即放下自我執著的心，見到空性——實證空性。這個時候，是剛剛懷了聖胎，已經進入聖胎的狀態，但是還沒成為聖人。

以上四個調心的層次，也是四個用話頭的層次，這是修道的次第，為了讓我們能夠建立信心，確實、踏實地努力用功，而不急於求成就。因此，當你自認為見性的時候，要非常小心，因為是不是真的見性了，一定要經過高明的老師，也就是真正見過性的老師來確認和肯定，否則自己說見了性，這是有問題的。

〈第八天：晚上〉

《六祖壇經》：念念時中，不住一切法

一、是日已過，命亦隨滅，如少水魚，斯有何樂？

我們只剩下了兩個整天了，〈普賢警眾偈〉中說：「是日已過，命亦隨滅，如少水魚，斯有何樂？」如果能將這四句話牢牢地貼在心上，你會非常珍惜自己的時間。

中國人有一句諺語：「不見棺材不掉眼淚。」眾生很愚癡，一直要到快進棺材之前，才知道時間不多了，才會覺得：「很可惜，我這一輩子要做的事情，怎麼還沒有做？要完成的心願，都還沒有完成。真是遺憾！如果曉得這麼快便要死了，我老早就好好用功、好好努力了。」但是已經來不及了。

三十年前，我去探望一位快要往生的老法師時，他說他對我感到很抱歉：「聖嚴，我真覺得對不起你，當你閉關修行，以及去日本求學的時候，我一點都沒有幫助你。雖然那時我是有餘力的，但是總覺得不知道這個年輕人將來真的有用嗎？所以沒有真正地去幫助你。」結果，他看到我從日本留學回來，在大學裡教書，並且開始帶禪修了，這時他覺得很抱歉、很後悔，當初為什麼不幫助我？他接下來又講：「如果我現在不死的話，我會好好地幫助你弘揚佛法。」結果，沒過幾天他就往生了。雖然這位老法師當初不看好我，心中猶豫是不是值得栽培我，至少，他最後還是想要幫助我，而他的祝福我還是收到了，所以我很感恩他。

人的一生之中，想做、當做的，若沒有馬上做，機會一失去便沒有了，後悔莫及，所以，你現在能做的馬上做，現在能有修行的時間，要馬上精進修行。

我相信有很多人到臨死的時候，都會有很多的遺憾：「當時我如果是那樣子的話，該有多好！」因此，在參禪、修行的時候，一定要把握你的每一個機會、每一點時間，來成長你自己，讓修行更深入，讓善根更深厚，這是非常重要的。

再者，雖然我們說有來生，這一生修不成下一生再來，但是來生不一定還是人。並不是任何一類眾生都可以修行的，眾生之中，只有人可以修行，所以佛說人身是修道的工具，叫作「道器」，而其他的眾生則是「非器」，不是修行的工具。因此，現在我們擁有這個人的身體，要好好地珍惜，以做為修道的工具。

那麼，修行是不是一定要出家？不一定，這要看個人的根器和意願，如果能夠出家當然很好，釋迦牟尼佛是出家的，他的大弟子們也都是出家的，但是佛弟子之中，還是有很多很有名的在家居士。

另外，《華嚴經．入法界品》有善財童子五十三參，大家或許認為善財童子是個小孩子，其實他是青年人，因為還沒有結婚，所以稱「童子」。善財童子所參學的五十三位大善知識，都是菩薩，有著各種各樣的身分：其中只有六位出家人，五位比丘、一位比丘尼；而在家人之中，有十九位是女性，其他的是男性。這表示在大乘佛法中，居士是一樣可以成就的，端視你以什麼心態來做在家人。

若以染汙的、貪戀世俗的心態來做在家人，那只是普通的在家凡夫；如果是以參與世間的心，雖然擁有妻兒、子女、財產、事業，但是幫助相關的人，使他們也能學佛、成就菩提道的話，這即是接引眾生的方便門，是修行佛法的在家菩薩。譬如很多人來聽我說法，但都不是我去找來的，而是居士們一個帶一個來的。所以，不一定非得出家不可，但是能夠出家也很好。

二、念念不住，連一念都不要住

《六祖壇經》說：「念念時中，於一切法上無住；一念若住，念念即住，名繫縛。於一切法上，念念不住，即無縛也，以無住為本。」

「無住」的意思，是念念不住，也就是念念對一切現象、一切法不起執著。所謂「法」，包括世間的法及出世間的法：世間的法是世俗的人事和想法、觀念，出世間的法則是解脫，但若是認為有「解脫」這樣東西可以追求，或者是執著有解脫可得，這也叫作「住」。

無住，是對於世間的、出世間的任何一法不執著，不把它們掛在心上，因為已經是無心了。若還有東西住在你的心中，或是你的念頭住於一法，讓你的心牽掛著，你就變成有心而不是無心。所以，我們要練習著對世間法不執著，對出世間法、解脫法也不執著，如果有一念執著，等於是念念執著。因為一念有妄念、妄想，就是自我還在，不是無心。自我還在的時候，任何一念都是有住，唯有當自我中心轉成無心的時候，才是念念不住。

只要一念住，就等於念念住，這可以比喻為「一顆老鼠屎，壞了一鍋粥」，因為這一顆老鼠屎讓這一鍋粥都汙染了，全都不能吃了，你不會認為：「只有一顆老鼠屎而已，有什麼關係！」另外，如果我們這個地方，有一個人得了SARS，你也不可能說：「反正只有一個人得了SARS，我們不會有問題。」再譬如，一個橘子裡有一瓣爛了，整個橘子都會爛，都不能吃。

因此，「不要認為一個念頭而已，有什麼關係，你那麼在乎，真是執著。」這是我的師父東初老人對我說的話，也是和我們的修行有關——念念不住，連一念都不要住。

三、活用方法，不死在方法上

可是我們修行還要不要修？方法還要不要用？話頭還要不要參？當然要，只是你在修行的時候，仍然要練習念念不住。但是，我的師父又跟我說：「聖嚴，你的頭腦裡不能有錢，但是銀行存的錢要多多益善。」我原本聽不懂，心想：「頭腦裡沒有錢，而銀行裡怎麼會有錢？」後來，我見到一位老居士，他一生非常會賺錢，做任何事都賺錢，而他一賺了錢馬上布施、馬上做功德。如果他不布施的話，一定是個大富翁。這位老居士就是頭腦裡沒有錢，也沒有想要儲蓄很多錢，而是把他的錢通通儲存到功德銀行裡去了。

禪中心有一個女眾義工，也是頭腦裡沒有錢，但是她拚命去賺錢，每當我們義賣的時候，貴的東西都被她買去，可是買了以後又送回給我們。我就問她：「你的錢從哪兒來的？」她說：「我去打工。」我又問：「那你自已夠不夠用？有沒有錢儲蓄？」她說：「我可以去打工。」我再問：「你的錢全部捐到我們禪中心裡，那你怎麼生活？」她還是說：「我再去打工啊！」

她沒有錢的觀念，打工是她賺錢的方法，雖然收入不是很多，但是一有收入就捐給我們。我替她擔心，勸告她：「你如果不存一點錢，老了怎麼辦？」她仍然說：「師父說，人的福報是帶著走的，所以我現在還是先種福。」

這是指我們用方法的時候，一定要用得非常好，但是不要執著、不要在乎用得好不好、有沒有進步，因為這只是工具，但還是要用。譬如，頭腦在身體之上，你說：「反正頭腦裡沒有身體，乾脆不要吃飯、不要睡覺、不要洗澡，什麼都不要了。」這不就死了嗎？所以，身體還是要用，但是不要執著它，這即是「無住生心」，也是《金剛經》講的「應無所住而生其心」，沒有開悟以前要練習，開悟以後則是實證。

你們用方法的時候，頭腦不要死在方法上，禪宗有句話說：「不要死在句下！」一句是指文字、語言，意思是說，參禪的人若是被文字、語言的觀念所影響，而盯著或是執著文字、語言、觀念，那就不可能開悟了。用方法時，不要轉第二念，不要想像：「什麼是無？大概是真如；什麼是無？大概是佛性；什麼是無？大概是本性；到底什麼是無？佛學名相有很多，我再想想看，還有哪些……。」如果是這樣的話，你怎麼能開悟呢？全部的時間都被你浪費掉了。因此，不要執著名相，也不要想像這個「無」是什麼東西，你一想像，就變成住於那個「無」了。

你只管用方法，用方法問，因為不知道，所以要繼續不斷地問。

〈第九天：上午〉

解行並重，活出佛法

一、參話頭如爬玻璃山

參「什麼是無？」，結果沒有這樣東西，是空。真是奇怪，既然是無、是空，那還要參，這不是很好玩嗎？

因為眾生愚癡，不知道什麼是無、什麼叫作空，所以自古以來，善知識們就用一樣東西，讓人去發現什麼叫作無。我常常比喻為賽狗場的狗追電動兔子：狗跑得快，兔子跑得更快；跑到目的地時，兔子不見了，而狗也已經到達目的地。但是，必須先讓狗練得會跑，否則狗不知道要跑，也不知道要跑多快。

另外，用話頭、參話頭也好像在爬玻璃山：山是玻璃做的，不但非常光滑，而且塗了很多油，每次爬的時候，爬不到兩步一定會掉下來，因為這座玻璃山又滑又沒有著力點或使力處，明明知道很難爬，甚至爬不上去，但就是要你爬上去。

在什麼時候爬呢？在夢裡爬玻璃山，而你也相信爬到玻璃山頂時，一定有世界上最好、最珍貴、最重要的一顆寶珠在上面。這顆寶珠比阿拉丁神燈更有用，得到它之後，就能要什麼有什麼、想到哪裡就到哪裡。

有人說：「我去過，我現在就已經有了這顆寶珠，但是只能自己用，沒辦法給別人用。」想要得到那顆寶珠，必須親自去爬玻璃山，而且要不顧一切地、全部身心投入地爬。無論如何，不管爬得上或爬不上，一定要不斷地爬，一次一次地掉下來，一次一次地再爬。

到最後，突然間這座玻璃山不見了、寶珠消失了，想求得寶珠的心也沒有了，那麼，到底得到了什麼呢？得到了寶珠的所有功能，而這個時候夢也醒了，也就是開悟、見到佛性了。佛性是空性、是無，是大慈悲、大智慧的功能。

二、見緣起即見法，見法即見空，見空即見佛

為什麼將「空」稱為「佛性」？在《中阿含經》裡，有一篇用象的足跡做為譬喻的經文，叫作〈象跡喻經〉，其中說到：「若見緣起，便見法；若見法，便見緣起。」到了《佛說大乘稻芊經》則說：「若見因緣，彼即見法；若見於法，即能見佛。」而《佛性論》說：「空是佛性。」《中觀論》也說：「眾因緣生法，我說即是空。」將以上經論所說的整理之後，演化如下：「見緣起即見法，見法即見空，見空即見佛。」

其中，「若見緣起，便見法」，所見的法是指緣起法，實際上等於是見到了佛。空是空性，而空性是佛性，所謂「見空」，也是指見到佛。因此，我們說「見性」，見的是緣起法，其本身是空。

禪宗的祖師沒有這麼說，因為恐怕引生誤解：「既然空了，那還有什麼好修行的？」實際上，當我們強調佛性就是空性的時候，大家才會相信每個眾生都有佛性，因為誰沒有空性？這在一切無情眾生中是「法性」，在有情眾生中則是

「佛性」——有成佛的可能性、有見空性的可能性。

問題是，佛發現了緣起，發現了一切法、一切現象都沒有永恆不變的自性，所以成了佛，而佛將這些真理告訴我們之後，大家都聽到了、聽懂了，也願意接受了，但是我們的煩惱還是在，並沒有因此減少。

有很多學者專家研究佛教，專門研究佛性，或是某經、某論，他們可能懂得很多，但是煩惱可能也還是很多。因為他們雖然研究得多、知道得多，但分別心也多了，執著也相對地增加，所以變得非常在乎自己的想法和看法，若是不贊同他人的意見時，很可能就會將對方當成了敵人。

三、將佛法與生命結合

以如此的態度研究佛學，跟自己的生命是完全沒有關係的，主要的原因，就在於沒有真正經過禪法的修行、沒有實踐的工夫，而僅僅是從佛法名相上、思想上知道，卻沒有真正的體驗，所以煩惱還是很重。當然，也有研究佛教的學者，知道有這種狀況或問題，所以他們會修行。在日本和美國，我都遇到過這種行解並重的學者，既懂得佛法的道理，也確實地修行和實踐，如此才能真正將佛法與自己的生活、生命相結合。

前面所講解的佛性、緣起和空性，這些都是義理、道理，但是一定要加上實踐。所以，你們在這裡參話頭就是在實踐，看起來好像很無聊，但卻是非常有用的。就好比賽狗場的狗，如果不經訓練，牠跑得沒這麼快，所以需要很用心、很耐心地不斷訓練，狗才能夠得到冠軍；如果狗老是吃得肥肥胖胖的，那牠就只能讓你抱在手上，沒有辦法跑得飛快。

既然已經說穿了，佛性就是空、就是無，為什麼我們還要問、還要參？這在佛經裡有一個比喻：如果聽懂了名相、聽懂了道理，自己也會說，卻不去實踐、不去體會，就像是「說食數寶」。

「說食」的意思，是將餐館裡所有的菜單、食譜都背得滾瓜爛熟，每道菜的名稱、配料、味道、營養成分，乃至烹調方式等，都記得清清楚楚，研究得透透徹徹，也能講得頭頭是道，但是自己卻沒有吃過。「數寶」則是替別人數財寶，即使你數過了珍珠、鑽石、紅寶石等，但這些財寶都是別人的，所以數完以後，最後都不是你的，一件也不能帶走。反之，如果去實踐的話，你必須真正地品嘗每一道菜，好好地消化它，將它變成是你的營養，這道菜對你而言，才是有用的。

四、一門深入，修行實踐

在實踐時，必須要一門深入。《楞嚴經》中有二十五位菩薩和阿羅漢，每一位有一種專修的法門，對他們而言，每一種法門都是最好的法門。他們在因地，也就是開始發心修行的時候，老師最初所教的方法，他們就一直用下去，而且用得滿得力的。要用多久呢？不是一天、兩天，也不是一世、兩世，而是幾大劫的時間。最後，一門通，其他的也都通了，這就叫作「圓通」，亦即進入一門圓通的時候，對於其他的二十四門都是相通的。

在「老鼠啃棺材」的例子中，老鼠比我們還聰明、有智慧。我們可能今天啃一啃這個地方，明天換另外的地方再啃，後天又到其他地方啃，如果這樣的話，就算啃到死也不可能啃穿它。但是老鼠認定了一個地方，會每天都啃同一處，就是啃！結果連棺材都可以啃穿。如果二十五門，我們每天都去摸門，今天摸摸這個門沒有開，明天再敲敲那個門也沒有開，後天又去敲其他的門，老是輪流地敲這二十五門，結果連一門也進不去，那真是很可憐。

用定一個話頭就是一個，千萬不要認為：「怎麼還沒有開悟啊，那我再換一個吧！」你的本參話頭就是你現在用的這個話頭，一輩子都要用它，甚至下輩子再來，你還是要發願用它。

〈第九天：晚上〉

《六祖壇經》：見聞覺知，不染萬境

一、離一切相即為無相

善知識，外離一切相，是無相，但能離相，性體清淨是，是以無相為體。於一切境上不染，名為無念；於自念上離境，不於法上生念。莫百物不思，念盡除卻，一念斷即無，別處受生。學道者用心，莫不識法意，自錯尚可，更勸他人迷；不自見迷，又謗經法，是以立無念為宗。即緣迷人於境上有念，念上便起邪見，一切塵勞妄念，從此而生。

這一段是對「無相」和「無念」再多做闡述。什麼是「無相」？於相而離相即是無相。所謂「於相而離相」，是指相雖然有，但是你的心不要去執著它，不住於相，就是無相，若住於相，便是有相。「住」的意思即是執著。

譬如有一隻螞蟻在地上爬，你覺得：「這裡是佛殿，怎麼可以有螞蟻？」於是一直想著要把牠請出去，這樣一來，你就無法專心打坐了，而且禪堂有個規矩：「打坐的時候不能動。」而你只好看著那隻螞蟻，心想：「千萬不要爬到我身上！」結果不管螞蟻是否爬到你的身上，你一執著牠，牠就變成了你的干擾，這即是住於螞蟻相。

你們有沒有看到過螞蟻？我們這個地方什麼都有，螞蟻、蚊子、蜘蛛……，你若是一看到就趕快去抓，或是看到了，心裡告訴自己：「不准動。」這個時候也是有相。

如何才是無相？若你能夠這麼想：「螞蟻就是螞蟻，蜘蛛就是蜘蛛，我打坐就只管打坐；你若是爬到我身上來，不咬我的話，沒關係，若是咬我，對不起，我還沒有修得那麼好，所以請你離開吧。」但是如果牠咬你時，你也覺得沒有關係：「無我相、無螞蟻相、無身體相，你儘管咬好了。」若是能夠到達這種程度，你一定不會被干擾。

就像從禪堂到寮房的路旁，有一棵長得比較茂盛的樹，到了晚上，有好幾隻鳥棲息在樹枝上過夜。你經過樹下的時候，可能正好鳥拉屎掉到身上，那還要不要經過？你不要認為：「這裡有鳥拉屎，這條路不能走了。」或是「先把鳥趕跑，我再走過去好了。」若是於相而不住於相的話，那個相不會妨礙你，否則的話，你隨時都會被相所妨礙。所以，於相而離相是無相，但不是沒有相，這要很清楚，否則，我們就不能用方法了——方法是有，「我」也有，但是不要執著，這才是無相。

二、不染一切境，名為無念

此處說「無念」，是心於一切境皆不染著，比之前所說的念念不住，更進了一步。

「染」的意思，是有貪著心、有排斥心、有分別心。分別心是：這是我喜歡的、這是我不喜歡的，我覺得這是好的、那是不好的……，而這也叫作染著心，是以自己的立場來評斷好和壞、對和錯，這也是自我心、自我執著心。一動了這樣的念頭，便是有念而不是無念，所以我們要練習著不將自我放進去。

我常會考慮到，一個人處理問題的情況，以及所呈現的結果，是以他現在的程度與能力所及的範圍來達成，所以對他來說是理所當然的，而不是以我自己的能力去判斷他做得好不好。

如果用師父的立場和程度來看，想著：「我是這麼一個了不起的禪師，你們這些人夠資格跟我學嗎？」那我就沒有學生，也沒有弟子，那我還能度眾生嗎？因此，我會考慮對方的程度與想法，這是尊重，除非是違背了大原則，我會去糾正，若是小事情，我是絕對不管的，否則，那就是「我相」。

應該要讓別人有自己的想法和做法，而不是用我的「我相」去取代他，這便是心不染著。

「無念」並不等於頭腦裡沒有念頭、沒有反應、沒有記憶、沒有思考，如果你頭腦裡沒有反應、沒有記憶、沒有思考，拍拍身體、敲敲頭都沒有回應的話，那其實是死屍了。因此，《壇經》說一念斷是死人。

可是既無念，又不斷念，這好像是矛盾的，也很困難，其實這是態度的問題。如果心態很執著，這是有念；若是心中沒有執著、心中無牽掛、心中不留痕跡，但是有反應、有功能，以沒有自我中心的態度來處理事，這才是無念，是沒有自我中心的念。

這很不容易做到，很多人還沒有到達這個程度的時候，老是這麼想：「我已經替你想好、設計好了，是替你量身訂做的，你照著做就好了。」結果是他替別人打算的，不是別人想要的，事實上你這是做一個枷鎖教別人戴。很多人都是這個樣子，無論夫妻、兄弟姊妹，甚至出家師兄弟之間都是，彼此都自以為是為對方設想，其實是自己用枷鎖把別人套起來。

三、真如是念之體，念是真如之用

然此教門立無念為宗。世人離見，不起於念；若無有念，無念亦不立。無者無何事？念者念何物？無者離二相諸塵勞，念者念真如本性；真如是念之體，念是真如之用。自性起念，雖即見聞覺知，不染萬境，而常自在。《維摩經》云：「外能善分別諸法相，內於第一義而不動。」

這一段說明了三個重點：第一、普通世俗的人，教他離念的時候，他就像是變成了死人；教他不要有念頭，就以為是心完全停止活動，成為邪見，而這都是錯的。

所以，有很多人是用話頭來打念頭，好像兩個頭，一個頭撞一個頭，這是不正確的。用話頭就是用話頭，是希望得到答案，並不是用話頭來壓制念頭，而是有念頭不要管它，因為你在參話頭的本身就是個念頭。所以，《六祖壇經》在此處提到一般世俗人或是不會修行的人，總認為沒有念頭，就是不准自己的心裡有反應，這是錯誤的想法。

第二點則進一步說明，假如你真的無念，那麼連「無念」這個名詞也應該是沒有的。因為無念只是修行過程之中的一個假名，其中是不是有念頭？有，但這個念頭不是染心的、執著的念頭，而是心中智慧的反應、智慧的功能。

第三、如果你到了離念而無念，但是無念而有功能的時候，你會是非常自在的、自由的，也會非常地靈活——它是什麼就是什麼，什麼東西來就給什麼反應，而不會有自己的成見和觀點。

就像我允許我的弟子有不同的程度，不會要求他們全部和我一樣，或者是把他們全部劃得齊平，這不合理。如同我們的個子有高有矮，若要全部跟我一樣，那是該削你們的腳呢？還是該砍你們的頭？每個人身高不同，當然不能都和自己一樣。所以這就是靈活、就是自在，允許每一個人不同，這即是「漢來漢現，胡來胡現」，其中是有功能的，而且非常自在。

在禪十期間，如果你什麼也沒有學會，但是「無念」、「無相」和「無住」

這三個觀念能夠聽懂，即使你的禪修工夫還不夠，可是你的心、你的觀念能夠調整過來，就很有用了。

你對你自己、對他人、對所有環境的狀況，要盡量地練習著「無念、無相、無住」。重要的是，不要用自己的程度、自己的立場、自己的知識，以及自己的經驗來要求他人、判斷他人。否則的話，就算修一百年都是白修，因為你對自己沒有調整、沒有成長，對他人會有傷害，讓他人不舒服。

我們講調心，就是要從你的心態調整起，否則的話，你打坐的時間再久，對你自己也沒有太多的好處。因此，「無念、無相、無住」這三名詞非常有用，請大家把它們牢記在頭腦裡。

〈第十天：上午（圓滿日）〉以自身修持感動他人

一、日常生活提話頭

在平常生活中用話頭，我們稱為「提話頭」——常常提起話頭來。那麼應該何時提？如何提？

在工作之餘的休息時間，或者是做不需要用頭腦思考、分析、研究的工作時，都可以提話頭。提的時候，實際上是把話頭撿起來、提起來問。提話頭，不是連續不斷地問或參，而是提一下，同時要非常清楚自己當下正在做什麼事，也就是以你正在做的事為主，再偶爾提一提話頭。

有一位居士每天花六個小時開車上下班，他說平常沒有時間參話頭，所以利用開車的時候參話頭。怎麼參？車還是好好地開，也了解路況，所有該知道的全都清楚，但是隨時提一下話頭，看一看路況，再提一下話頭。

我問他：「你正在開車，怎麼能夠提呢？」他說：「很多人平常開車的時候，經常一邊開車一邊與旁邊的人談話，或是講電話，甚至談生意。既然開車能夠講電話、能夠開會、能夠談生意，那為什麼不能參話頭？既然沒有人和我說話，也沒有人與我開會或談生意，那就能夠參話頭了。這樣一來，我一天至少有六個小時可以用功。」

這個人真會修行。但是你不要參了話頭，結果不知把車子開到哪兒去了。就像你一邊開車一邊說話，此時，你知道自己說話的內容，也聽到對方說的是什麼，用這種態度來提話頭，便不會有問題了。

二、保持禪修期間的生活習慣

平常生活中要保持禪修期間的生活習慣，但這是很難的，因為一般在家人的生活習慣和出家人非常不一樣——晚上睡得很晚，早上也起得很晚。飲食方面，則是忙的時候有一餐沒一餐的，應酬、社交時又大吃大喝，這些都跟在禪堂時不一樣。因此，若是希望保持身心的穩定與平衡，最好能夠每天早晚排出時間練習打坐。如果你的工作時間不一定，無法固定早晚打坐，至少每天一定要打坐。

早上打坐前，一定要先洗臉、漱口、喝一些水，否則打坐一定是迷迷糊糊、半睡半醒、不清不楚的；甚至在洗臉、漱口、喝水之後，還要做八式動禪、再禮佛三拜，接著才打坐。打坐後，最好能夠在佛前發一個願：「今天這一天我希望能夠保持心境平和，願佛菩薩給我力量，若是遇到不平靜的情況，也能馬上用話頭或是觀呼吸法來安心。」

每天保持這樣的習慣，你的生活就會正常：飲食保持八分飽，不要餓肚子也不要吃太飽，太刺激的食物最好不要吃；不抽菸、不喝酒，保持心情平靜。對人和善，也不會對人有不好的語言、動作和表情，那你就是一個修行人了。

曾經有一位居士，在參加了我們七天的禪修之後，回到家一進門，他的太太非常生氣，像連珠炮一樣地罵他，而他就站著，不回應也沒有任何動作。

他的太太罵了一會兒，看他沒回應，就說：「你這個死人，我罵了這麼久，你怎麼都沒有反應？」這位居士說：「這是師父教我的，現在我正在調呼吸。」這便是平常生活中的修行。

當你遇到狀況的時候，調呼吸；如果狀況嚴重的時候，提話頭。如果人家跟你吵架，你可以在心中提話頭，但是不需要問出聲音來，否則人家會以為你發神經了。

三、以慈悲心自利利人，用慚愧心懺悔奉獻

我們經常說一個修行的人要有慈悲心。「慈悲心」的意思是感恩他人，而且希望能夠幫助他人。有人願意讓我們服務，我們很感恩，因為這能讓我們增長福報與經驗，所以要感謝；如果有人對我們不禮貌，或者是給我們阻礙，也要感恩他們使我們更堅強、意志更堅固，沒有他們的阻撓，就沒有辦法顯現出我們的意志是否堅固，這是一種訓練，所以非常感恩他們。

感恩對方，實際上是慈悲對方，也慈悲自己。因為慈悲對方，你不會再反過來傷害他或報復他；慈悲自己，你不會讓自己痛苦、煩惱或生氣。其實，生氣時對方可能會受傷害，但傷害最深的還是自己，這對自己而言也是不慈悲的，也是傷害的，那是愚蠢、沒有智慧。

所以，修行菩薩道的人，是自利利人的：自利，是自己不要懲罰自己，也不要被他人刺激了以後，就受到傷害。有智慧的人，受到別人的刺激、誘惑和阻礙，這是別人的事，心不要受到影響。如何才能不受影響？除了觀念的調整之外，一定還要有修行的方法。

在觀念的調整上，你可以告訴自己：「我不必生氣，對方之所以生氣，一定有他的原因，他要阻礙我，也有他的原因，或許是他的知識、認知，或其他什麼原因造成的。我不需要生氣，如果我有智慧，那就處理，如果我的智慧不夠，至少也不要被傷得太深。」

不被傷害是保護自己，是自利，而你不反擊、報復對方，就是利人。自利是智慧，利人是慈悲。否則的話，彼此之間你攻擊我、我反擊你，是永遠沒有辦法解決問題的，總要停下來好好思考一下，究竟該怎麼處理？處理問題很重要，而不是生氣，或是反抗、反擊，這樣問題是無法解決的。

人不可能完全不犯錯。所謂「錯誤」，是傷害自己、傷害他人，或者是應該做的事情沒有做、應該做得更好，但是沒有做得那麼好、不應該做得那麼差，卻做得那麼差，這些通通都是錯誤。這往往是由於自己的體能，乃至知識、技術、心力的不足，或者是環境的因素，讓我們犯錯。犯了錯怎麼辦？如果自己發現了，或者是別人發現了告訴你，要用慚愧心來懺悔。

「慚愧」的意思，是覺得對不起自己，也對不起他人，然後懺悔：「但願佛菩薩能夠給我力量，從此以後不再犯錯，以前犯錯的責任，我願意承擔，也願意想辦法盡量彌補。」

犯了錯誤要去改善，不但以後希望不要再錯，以前錯了的部分，自己也願意負責，並且用奉獻來彌補，這即是慚愧和懺悔。如果能夠做到的話，我們的性格會一天一天地改善，我們的人品，也會一天一天地提昇。

四、菩提心是慈悲，出離心是智慧

菩提心是慈悲，出離心是智慧，而慈悲與發願、迴向有關。過去所有的大菩薩及善知識，都一定會發願、迴向——以迴向表現出慈悲心，用發願表現出努力的方向，而這也就是菩提心。

菩提心與出離心是不能分開的，如果僅僅是菩提心，而沒有出離心，那是一般世俗人所謂的抱負或成就欲：希望能夠成就大事業、希望能夠成為……，但這不是願。

「願」一定是不為自我，只為眾生，沒有特定的一個目標，只有無限的方向，並且朝著那個方向去努力，否則，如果有一定的小目標，是為了自己想要達成的心願，這不是出離心，也不是菩提心。菩提心沒有特定的目標，但是有特定的方向，雖然有方向和原則，卻沒有特定的對象，因為其中有著出離心。

五、以感恩心發願與迴向

迴向是將自己的所知、所能，以及所有的資源分享給他人，即使是自己現在不知道的、不會的、沒有的資源，也要增長自己的資源，加強自己的能力，將自己的所有分享他人、迴向他人。

分享並不等於失去，好比我點了一盞燈，但不把它遮起來，只為自己照明，而是把燈高高舉起，讓黑暗裡其他沒有燈的人，都可以看到光明，但是我手上的燈光，不會因此減少或消失，甚至為了讓燈光更加明亮，使更多人看到光明，而設法加強光度。

所以，迴向與分享並不等於犧牲，若是犧牲，自己可能就此失去了，但迴向與分享是自己仍然有，並且分享得愈多，自己成長得愈快、愈壯大。這一定要靠發願，發願讓自己成長以便利益他人，是自利利人。所以，迴向實際上與發願是相同的，因為如果沒有發願，迴向便使不上力，因此這兩者一定是連在一起的。

然而，這與修行有什麼關係？當然有！當我小的時候，聽到了佛法，用到了佛法，覺得非常有用、非常好，那時我發了一個願：「我要把我所知道的、所體驗到的佛法，全都奉獻給別人。」

因為發了這麼一個願，到今天為止，為了有人需要，我不斷地奉獻，也因此我自己必須成長、必須好好修行、必須懂得更多。如果沒有這種奉獻的心、迴向的心，以及沒有發這個願，我想我現在不過是中國大陸一處農村裡的一個老頭，或者是一個看廟的老和尚。

所以，迴向和發願，才是能使我們更加精進修行的一種力量，你不要以為：「我自己都還沒有修好，先把自己修好再說吧。」如果有這種想法，你的自私心很重，有了這麼深的自私心，是不可能開悟的。因此，鼓勵大家要分享他人，不要自私。分享誰呢？分享你的家人、朋友，所有認識的人、不認識的人，都應該分享。

不過，分享並不是僅僅用嘴巴講，如果你回家對家人說：「我將聖嚴師父所說的分享給你，你要照著去做：每天要打坐，不可以罵人和生氣，還要好好地發願、迴向，更要慚愧、懺悔……。」結果自己沒有做，專門叫別人做，這就不是分享了。

曾經有一位先生參加禪七之後，很受感動，覺得他的太太非常需要佛法，所以回去之後，老是對他的太太說：「你要去聽聖嚴師父的開示，你要慚愧、懺悔，要感恩我。」後來他的太太來找我抱怨：「我的先生被你教了以後，回去老是教我做這個、做那個，還要感恩他。」

我說：「你的先生做反了，我教他回去分享，是要他自己身體力行，來感動你才對。」所以，分享和發願一定是自己要用自己的行動、自己的修持、自己的表現，來影響其他的人、分享其他的人。

第三篇

〈宗乘七箇樣子〉講要

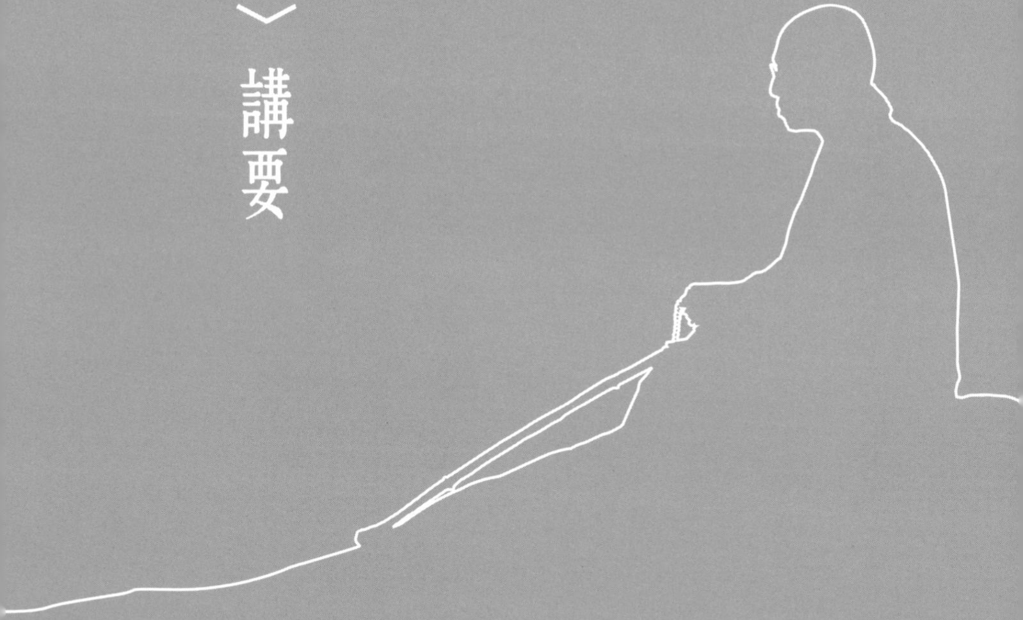

〈宗乘❶七箇樣子〉為大慧宗杲（一〇八九—一一六三）〈示妙明居士（李知省伯和）〉❷的法語，共分七段，說明了參禪者七項須知的事。

一、第一箇樣子——道由心悟，不在言傳

道由心悟，不在言傳。近年以來學此道者，多棄本逐末，背正投邪。不肯向根腳下推窮，一味在宗師說處著到。縱說得盛水不漏，於本分事上了沒交涉。古人不得已，見學者迷頭認影，故設方便誘引之，令其自識本地風光，明見本來面目而已，初無實法與人。

成佛所要成的這個「道」，是佛性、智慧，也是般若，或者是涅槃般若智慧。涅槃智慧是要用心體悟的，而不是在於用語言來傳播。

宗杲那個時代的人，其實到現在為止也一樣，很多人學禪都不是從心上去求，而是從語言、文字上去理解，這等於是背正道而投邪道。事實上，這些人不

願意自己努力用功，向內心發現，相反地，老是向外追求、研究大善知識們所說的話。這些人縱然說得天花亂墜、說得滴水不漏、說得很有邏輯，可是跟他自己的悟道，一點關係也沒有。

過去的這些善知識們，因為看到許多修行人忘掉了自己的頭，卻只認自己的影子，十分顛倒，所以，不得已而提出了種種方便的、善巧的道理和說法，來誘導這些人，讓他們能夠回轉頭來，認識自己的本來面目，又叫作「本地風光」。其實這些善知識們，並沒有真正把「道」拿給人，因為「道」絕對不可能是由善知識給你的，一定要自己去體悟，因為「道」在自己的心中，不在心外。

這看起來滿有意思的，卻也滿矛盾的，因為中國的禪宗，一向主張不立文字、教外別傳，但是中國禪宗的祖師們，所留下來的文字、語錄卻非常多，每一代的禪師都會留下一些語錄，包括我自己。這些文字、語言的開示，是為了說明本來面目，以便引導大家去尋找自己的本來面目。但是，自己的本來面目一定要自己去找，而無法依靠語言文字，也不能依靠其他人的講解來給予。禪宗所有的紀錄言說，都說明了這個道理。

雖然每一代的人都知道不應該從語言文字中去求道，但是大家都還是要從語言文字來理解它。因為我們都是顛倒的凡夫，總認為追求的東西一定是從外邊給的，自古以來許多的宗教家、哲學家也都是這麼說。但是，禪宗就是要大家破除對外的依賴、對他人的執著，甚至是將對自己內心的執著破除了以後，才能夠見到真正的佛性，因此，累得每一代祖師都必須講同樣的話。其實，這些祖師們也是過來人，原來也是向外追求結果，而後他們自己經驗到了——不應該對外追求，放下一切，便是現成的。

如江西馬祖初好坐禪，後被南嶽讓和尚將甎於他坐禪處磨，馬祖從禪定起問：「磨甎何為？」讓曰：「欲其成鏡耳。」馬祖笑曰：「磨甎豈得成鏡耶？」讓曰：「磨甎既不成鏡，坐禪豈得成佛？」蓋讓和尚嘗問馬祖：「坐禪何圖？」馬祖以求成佛答之。教中所謂先以定動後以智拔。馬祖聞坐禪豈得成佛之語，方始著忙，遂起作禮致敬曰：「如何即是？」讓知其時節因緣已到，始謂之曰：「譬牛駕車，車若不行，打牛即是，打車即是？」又曰：「汝學坐禪，為學坐佛？若學坐禪，禪非坐臥。若學坐佛，佛非定相，於無住法，不應取捨，汝若坐佛，即是殺佛。若執坐相，非達其理。」馬祖於言下忽然領旨。

大慧宗杲舉了一個例子，江西馬祖最初喜好坐禪，後來南嶽懷讓和尚拿一塊磚頭，在他坐禪的地方磨了起來。馬祖於是從禪定裡起來，問懷讓和尚說：「你磨磚頭做什麼？」懷讓說：「我想把它磨成鏡子。」馬祖笑著說：「磚頭怎麼可能磨成鏡子呢？」懷讓說：「磨磚既然不能成為鏡子，坐禪豈能成佛？」因為懷讓和尚曾經問過馬祖：「你坐禪是為了什麼？」馬祖回答：「為了成佛。」

在經教中說：「先以定動，後以智拔。」當馬祖聽到懷讓說「坐禪豈能成佛」這句話，他開始慌忙起來，因此起座向懷讓拜了一拜，問：「那應該怎麼辦？」

懷讓知道這個時候因緣已經成熟了，就告訴馬祖：「譬如牛駕車子，如果車子不走的話，究竟是打牛還是打車？」又說：「你坐禪是為了學佛呢？還是學禪？禪，這樣東西，既不是坐，也不是臥；如果是學佛，佛沒有一定的樣子，不住於任何一法，不應該取或捨任何一樣東西，是不取不捨。你現在如果是坐著想要成佛，那即是殺佛，是把你自己的佛殺了；如果你執著打坐能夠成佛的話，根本沒辦法真正達到這個目的。」馬祖聽到以後，豁然開悟。

遂問：「如何用心即合無相三昧？」

馬祖繼續再問：「如何用心才能夠合於無相三昧？」

「無相三昧」是指「無我相，無人相，無眾生相」，以無相為定，不執著任何相，這叫作「三昧」。三昧不一定是打坐時所說的定，而是「即定即慧」的一種三昧，無論是在動或靜的時候，心都不會受到內在或是外在的狀況所影響，而產生迷惑、混亂的煩惱。這就是以智慧為基礎，但還是有心的功能與運作；不過在心的功能產生作用的時候，心仍然是安定的，不會是迷糊、混亂的。然而，一般人心動的時候，不是智慧功能的運作，卻是以自我中心為出發點。

讓曰：「汝學心地法門，如下種子。我說法要，譬彼天澤。汝緣合故，當見其道。」

懷讓又說了一個比喻：「你學心的法門，而這心的法門即是成佛的、開悟的法門。就好像是你自己種下了種子，此是因；而我為你說的法，則如同從天而降的雨露，此是緣。因與緣配合，就應該能夠見道了。」

你們現在也在學心的法門，你們自己心裡就有這顆種子，而我講大慧宗杲的語錄，等於是在為你們下雨，讓種子發芽，因此你們一定能夠見道。

又問：「道非色相，云何能見？」讓曰：「心地法眼能見乎道，無相三昧亦復然矣。」

馬祖又再問：「道不是有形、有相的東西，怎麼可能見得到呢？」懷讓說：「心的法門不是用我們的肉眼所能看見的，而是要用我們的法眼去見。法眼是智慧眼，那智慧眼是什麼？只要把你煩惱的、執著的障礙去除了以後，你的智慧眼、法眼就出現了，這個時候見了道，那便是無相三昧。」

曰：「有成壞否？」讓曰：「若以成壞聚散而見道者非也。」前所云方便誘引，此是從上宗乘中第一箇樣子。妙明居士請依此參。

馬祖又問：「道有成、有壞嗎？」懷讓回答：「如果道有成、有壞、有聚、有散，那你所見的就不是道了，真正的道是不可能有成、壞、聚、散的。」

以上這段開示，是大慧宗杲所講的第一個樣子，主要是告訴我們，「道由心悟，不在言傳」。如何才能悟道呢？他雖然講了好幾個比喻，主要還是「無相三昧」，也就是《金剛經》所說的「無我相、無人相、無眾生相、無壽者相」；前三種相是屬於空間中的你、我、他，是許多人及眾生；第四個壽者相是時間相，也就是在時間裡所有的你、我、他。

把這些全部放下，只要放下自我中心，時間相、空間相也就全都沒有了，這叫作「無相三昧」。自我中心是很難放下的，享受禪定的快樂也還是自我中心，那怎麼辦？用話頭。話頭是金剛王寶劍，有什麼，破什麼。破什麼？破執著。

對於外在你所依賴的、你所追求的、你所討厭的、你所逃避的，這是誰？都是自我；而對自己覺得驕傲的、覺得自卑的、覺得非常無奈的，這些全部都是自我，用一句話頭就能夠把這些對內、對外的自我執著全部粉碎和化解。所以，請大家對話頭要有信心。它本身是一把智慧的寶劍，能夠幫助你開發智慧、消除煩惱、去除執著。

有一個比喻：話頭就像一把火炬，所有的執著、煩惱，就像是漫天飛舞的雪花，如果你這一把火炬用得好的話，所有的雪花在還沒有碰到火炬以前，就已經不見了。所以，不要怕妄念多、煩惱重，沒有關係，只要用話頭就好了。

二、第二箇樣子——自家寶藏，何假外求

昔大珠和尚初參馬祖，祖問：「從何處來？」曰：「越州大雲寺

來。」祖曰：「來此擬須何事？」曰：「來求佛法。」祖曰：「自家寶藏不顧，拋家散走作甚麼？我這裡一物也無，求甚麼佛法。」珠遂作禮問：「那箇是慧海自家寶藏？」祖曰：「即今問我者是汝寶藏。一切具足更無欠少。使用自在何假外求？」珠於言下識自本心，不由知覺。

過去有一位大珠慧海和尚，他第一次見到馬祖禪師的時候，馬祖問他：「你從何處來？」大珠說：「我從越州的大雲寺來。」馬祖又問：「你來這裡準備做什麼？」大珠說：「來求佛法。」

馬祖告訴他：「你自己家裡有寶藏不好好地照顧，把家丟了到處亂走做什麼？我這裡什麼也沒有，你要求什麼佛法呢？」大珠於是向馬祖頂禮，又問：「那麼，哪個是我慧海自家的寶藏呢？」

馬祖說：「你現在問我的這個，就是你的寶藏，一切都是具足的，一點也不缺少，使用自在，不需要向外求。」大珠和尚聽完這幾句話之後，曉得了自心想要開悟的話，其實是自己的事。

後住大珠，凡有扣問，隨問而答，打開自己寶藏，運出自己家財，如盤走珠，無障無礙。

大珠是一座山的名字，大珠和尚就住在大珠山。後來凡是有人向他請法，他就會回答：「打開自己的寶藏，運出自己的家財，好像珍珠在盤裡滾動，一點障礙都沒有。」

曾有僧問：「般若大否？」珠曰：「般若大。」曰：「幾許大？」曰：「無邊際。」曰：「般若小否？」曰：「般若小。」曰：「幾許小？」曰：「看不見。」曰：「何處是？」「何處不是？」

曾經有一個出家人問大珠：「般若大不大？」大珠說：「般若很大。」出家人又問：「究竟有多大？」大珠說：「大到沒有邊際。」出家人接著問：「般若是不是很小呢？」大珠說：「是，般若很小。」又問：「究竟小到什麼程度呢？」大珠說：「小到看不見。」又問：「又大又小，究竟在哪裡可以看到？」大珠反問：「哪個地方不是呢？」

這裡所講的般若，是指無漏的智慧，也就是每個人都有的，自己家裡的寶藏。

爾看，他悟得自家寶藏底，還有一星兒實法傳授與人否？妙喜常常說與學此道者，若是真實見道之士，如鐘在虛，如谷應響，大扣大鳴，小扣小應。

你們看，他悟得自家寶藏後，還有一點點真實的法可以傳授給人嗎？妙喜——因為大慧宗杲住的地方叫作「妙喜庵」，所以他的號是「妙喜」，他說：「我大慧，常常說給學道的人聽，如果一個人真正見道的話，他的智慧功能就像鐘懸掛在虛空裡，又像山谷裡的回響，大叩大鳴，小叩小應。」

這有兩層意思，其一、鐘懸掛在虛空中，你大大地敲它，它就大聲地響，你小小地、輕輕地敲它，它就小聲地響。在山谷裡，我們大聲地喊，傳來的是大聲的回音，小聲地講話，傳來的是小聲的回音。其二、大敲大響，小叩小應，這是智慧的功能、慈悲的作用。

近代佛法可傷，為人師者，先以奇特玄妙，蘊在胸襟遞相沿襲，口耳傳授以為宗旨。如此之流，邪毒人心，不可治療。古德謂之謗般若人，千佛出世不通懺悔。此是宗門善巧方便誘引學者底第二箇樣子。妙明居士決定究竟，當如此樣子參。

「近代」是指在大慧宗杲的時代，學佛的人非常可憐，因為許多身為老師的人，往往先賣弄一些奇怪的、玄妙的現象或動作來表現，然後私底下暗自互相傳遞，彼此學習、仿效；愈玄妙、愈奇怪，讓人家愈聽不懂愈好，並且你傳我、我傳你，用口傳、用耳聽，以為這就是禪宗的宗旨。

其實像這樣的人，他們的心已經中了邪、中了毒，根本沒有辦法治療。古時候有善知識說過，像這樣的人、這樣的老師，是毀謗般若的人，他們甚至在一千尊佛陸續出世時，到每一尊佛前懺悔，都沒辦法懺清罪業。以上是禪宗的善巧方便，用來引導人們學習修行的第二個樣子。

很多人，也可以說是幾乎每一個人，對話頭不容易產生親切感和迫切感，更不容易有需要的感覺。因為話頭似乎跟自己沒有關係。所以，我一定要請大家來用。

剛開始提話頭的時候，是用念的，就好像是狗咬棉花絮，一開始咬幾下還滿好玩的，但它究竟不是肉骨頭，咬了幾下子，覺得沒有味道，便不想咬了。請問，是不是有很多人用話頭時，感覺好像在嚼棉花絮，而不是口香糖？你們可能會說，口香糖嚼到最後也一樣沒有甜味，也會吐掉。

就像吐口香糖一樣，因為話頭是一句沒有意義的話，所以念一念就覺得沒意思了。但是話頭的方法，是要把我們許多的思考、思想、觀念、知識、學問和經驗，用一句沒有意義的話，把它們逼到死角裡，到最後連那個死角都不見的時候，便是開悟了。所以，話頭是一項工具。

因此，參話頭一定不能違背兩項原則：第一是能對治煩惱，第二是要合乎戒、定、慧。

如果話頭是可以用頭腦去思考、用邏輯去解釋、用經驗去分析，那這句話頭便不容易對治煩惱。因為我們要處理的問題，就是我們自己心中各種不同的執著：對於觀念的執著、價值的執著，以及各種各樣自己所認為、判斷的執著，這些都是煩惱。所以，要用一句沒有意義的話，讓你無法有想像的空間，這才是最好的工具。

在我們的生活裡、書本上，或是每天看電視、聽廣播時，都可能會遇到一些疑問。譬如當你看見一隻鳥飛過去時，突然想：「這隻鳥從哪裡飛來的？要飛到哪裡去？」這能不能算是話頭呢？如果頭腦裡突然出現一個妄念：「今天的晚餐究竟是什麼？」於是你開始參：「今天的晚餐是什麼？」接著你一定也會想到：「昨天的晚餐是……，那今天大概也差不多……。」這樣就不是話頭了。

大慧宗杲告訴我們，每一個人自己都有寶藏，這個寶藏裡究竟是什麼？是般若。也就是去除了自我中心以後的智慧。而智慧有什麼功能？智慧的功能是大叩大鳴，小叩小鳴，不叩不鳴。就像鐘一樣，大大地敲就大大地響，沒有人敲就不響，這說明了智慧不是主觀的，而是眾生需要什麼，它就做什麼。

大慧宗杲的開示中說，有一些禪修的老師們喜歡作怪，玩一些神奇的花樣、顯現一些神奇的動作，好像是玩魔術一樣，讓人家覺得非常有吸引力。因為普通人會覺得自己做不到的，卻有人能做到，就會認為這是有智慧的人；自己看不到的而有人能看到，也會覺得這是已經得道的人。通常所謂「得道的人」，都是奇人異士，奇人是神奇的人，異士則是有特異功能的人。那麼，把特異功能當成是得道、獲得智慧、般若，以此傳播給人們，並且認為這就是佛法，實際上這是謗佛法、謗智慧、謗般若。

中國禪宗的智慧，從外在顯現的，是一個平凡的人，不會變成一個有奇能的、特異功能的人，但卻是有智慧的人。並非奇人異士，這才是真正悟道的人。倓虛大師的《影塵回憶錄》中提到，有人冬天不穿棉襖，而且能夠赤腳走在冰雪中，許多人就把他當成神仙、當成是得道的高僧，因此，有人問倓虛大師：「和尚啊！你能不能冬天不穿棉襖，或是在冰雪上赤著腳走？」

倓虛大師回答：「我不會。我只看到牛、羊到了冬天，身上所穿的跟夏天一樣；而鴨子到了冬天，可以在冰雪上走得很快樂。」那麼是不是牛、羊、鴨都悟道了？雖然練氣功、練內功可以練成那樣，但是跟智慧或般若沒有關係。

神通就是神異，不一定與開悟有關，也不一定與智慧有關。有的人因為修禪定而得到神通，有的人是過去生修得神通，或是在神道或天道，所以這一生餘勢還在，也就是神通力延續了下來，不一定是在這一生修的。也有些神通是用持咒、畫符而產生，當持咒持到一定程度的時候，有一種異象出現，或者是利用符令，例如在中國有一種奇門遁甲的符紙，焚化了以後放在身上或是吃進肚裡，就能夠產生神異的能力，但是這些跟智慧、般若沒有關係。

我們用話頭的時候，所抓緊的、抱緊的那句話頭，實際上就是開啟自家寶藏的一把鎖匙。現在用這句話頭一直問下去，等於是兜著自己寶藏的周圍走，並且摸索著寶藏的鎖匙孔究竟在哪裡？不斷地用它，就等於是在找鎖匙孔。

你要對自己說：「這是我的寶藏，這是我打開寶藏的鎖匙，我抱著寶藏，我要用這把鎖匙來開寶藏。如果不開寶藏的話，當然還是能夠活下去，可是活得不快樂、活得很愚癡、活得沒有智慧，活在恐懼、憂慮、懷疑、妒嫉、瞋恨、貪戀，以及許多的麻煩之中。當我的寶藏打開了以後，智慧就出現了，這些問題都可以得到解決。那麼，我願意做愚癡的人痛苦一輩子呢？還是願意做有智慧的人呢？」

我相信你們既然來參加話頭禪，就是希望做一個有智慧的人，這句話頭既然是開啟自家寶藏的一把鎖匙，而你在用話頭的時候，等於是在用鎖匙開寶藏。寶藏門的鎖匙孔在哪裡，必須自己去摸索、尋找，師父沒有辦法告訴你。你自己要鍥而不捨地、很有耐心地、很有迫切感地去開這個寶藏。其實寶藏的門和鎖匙孔，根本是在你的手邊，一下子就能打開。

請大家拿了鎖匙開門去吧！記得首先要放鬆身心，然後一心一意、全身全心地投入這句話頭中，把整個生命投注在這句話頭上。

三、第三箇樣子——常存生死心

既辨此心，要理會這一著子。先須立決定志，觸境逢緣，或逆或順，要把得定作得主，不受種種邪說。

前面已經講過，道是由心悟的，因此這一段一開始就說，既然是為了鍊心，那一定要理會這個心，而這個心就是本來面目，是真心。該怎麼做呢？首先要建立堅定的意志，然後無論遇到什麼境界、逢到什麼因緣，不管是逆境或是逆緣、順境或是順緣，都要能夠安定我們的心，能夠自己做得了主，不會受到種種邪說的影響。

日用應緣時，常以無常迅速生死二字，貼在鼻孔尖頭上。又如欠了人萬百貫債，無錢還得，被債主守定門戶，憂愁怕怖千思萬量，求還不可得。若常存此心，則有趣向分。若半進半退，半信半不信，不如三家村裡無智愚夫。

平常生活中，在應對各種因緣的時候，要常常把無常迅速的「生死」二字，貼在鼻孔尖頭上。就好像是欠了人家千千萬萬的債款，沒有辦法還，可是那個債主老是盯著你、逼著你。在這種狀況下，憂愁、害怕、恐怖，千思萬想，雖然希望還債，可是沒有錢還。

如果常常存著這樣迫切的生死心，那就有機會開悟。「趣向」，是開悟的意思。如果僅僅是半進半退，又要進、又不想進；半信不信、又相信又不相信：「我真的相信嗎？嗯，有點懷疑。」如果是這樣的話，還不如鄉下一個無知愚癡的人。

何以故？為渠百不知百不解，卻無許多惡知惡覺作障礙，一味守愚而已。古德有言：「研窮至理，以悟為則。」

為什麼呢？因為這些人只是百分之百地不知道、不了解，卻不會有許多的惡知惡覺，邪知邪見成為他們的障礙，因此，那些無知的鄉下人，只不過是固執地堅持他們的愚癡而已。

古代的善知識曾經說：「研窮至理，以悟為則。」「窮研至理」是不斷地參，實際上是參究的意思；究和參不是研究，而是專心一意地問：「究竟是什麼？」以這種方法用功，你才有可能開悟。開悟的原則一定是要參，參那個最高的道理，也就是「本來面目是什麼？」。

近年以來，多有不信悟底宗師，說悟為誑謼人，說悟為建立，說悟為把定，說悟為落在第二頭。

近年以來，也就是在大慧宗杲那個時代，有許多的人，許多的老師、禪師們不相信有「悟」這樣東西。因為他們只是從看書或討論中，知道了一些禪宗故事，就認為自己跟那些人是一樣的，沒什麼悟或不悟的問題，於是批評：「講說開悟的人，一定是在說謊騙人。」

又說：「開悟實際上是一種標榜，如果有樣東西是可以標榜的、建立的，那就不是，因為禪是不立文字的，既然講悟，這個悟就是一種標榜。」或是說：「悟是一種執著。」所謂「把定」是指執著、抓得牢牢地。

也有的人說：「悟是落在第二頭。」所謂「第一頭」，是向上，就是不落語言文字；「第二頭」則是落於有境界的、有狀況的，所以那些老師批評說：「有人講悟，但是悟是有問題的，講悟的人都是有問題的。」

披卻師子皮，作野干鳴者，不可勝數。不具擇法眼者，往往遭此輩幻惑，不可不審而思，思而察也。此是宗師指接群迷，令見月亡指底，第三箇樣子。妙明居士，欲跳出生死窟，作是說者名為正說，作他說者名為邪說。思之。

大慧宗杲將這些不相信有悟，進而批評開悟的人，形容為「披著獅子的皮而做野干鳴」。野干是一種像狐狸而比狐狸小的動物，以此形容這些人自稱是老師，可是實際上卻是外道，像這樣的人非常多。「擇法眼」就是正知見，這些人沒有具備佛法的正知見，但是往往有很多人被他們所迷惑。

修行禪法的人，絕對要好好地去審查和了解，像上述這樣子的人，是不可以親近的，也是不可以相信的。這是真正的禪師指點修行人的第三個樣子，但是這種指點的方式，不要把它當成是悟境，它只不過是用手指頭指給大家看，希望大家見到月亮的時候，忘掉指著月亮的手指，不要老是抱著手指。

也就是說，聽完宗乘第三個樣子之後，應該好好地去修行，不要老是記著這些話，把這些話當成是悟境。如果要從生死的洞窟裡跳脫出來，照著以上這樣講，便是正說；反之，如果不是這樣講的話，便是邪說。

以上這一段開示有三個重點：

第一，生死心是非常重要。如果生死心迫切，那麼就會非常迫切地希望求出生死。有人能夠感覺到生死這個問題、這件大事，可是普通人是想不到的。當我們在很健康的狀況下，活得好好的，對於死亡這樁事不會有那麼大的興趣，或者不會有那麼大的震撼力。

有的人能夠在見到自己的親人死亡時，感受到生死的問題；有的人從死亡邊緣走了一趟，發覺自己這條老命是撿回來的，隨時可能又會死，這樣生死心就會提起來。但是，沒有這種經驗的人，不容易提起生死心來。

有很多的人明明知道會死，但是卻忌諱面對死亡。我在臺灣遇到過一位老太太，她已經八十五歲了，我要她準備未來，好好修行。她跟我說：「要我準備未來做什麼？」我說：「未來面對死亡。」她好生氣地說：「你不教我長壽，卻教我死亡，我活到八十五歲了，你就希望我死，我還不想死！你教我長壽好不好？」可見，不一定只有年輕的人不希望把「生死」兩個字掛在鼻尖，上了年紀的人也不想。

請問，死人全部都是老人嗎？我們每天聽到許多意外事故死亡的人，例如車禍，還有許多是因為疾病，例如癌症、愛滋病等。死亡不會挑選年齡，這些病魔並非專找老人，任何年齡的人都可能死亡。

生死心的意義，並不是等待死亡，而是指死亡可能很快地到來，所以在還沒死之前，趕快運用我們的生命來發揮智慧，早一點伏煩惱、斷煩惱，並且更進一步，好好地利益眾生，使得眾生也都能夠少一些煩惱、少一些痛苦、少一些災難。

這同時具備了兩種心：一種是出離心，另一種是菩提心。讓自己從煩惱中得解脫，是出離心；讓眾生減少煩惱、痛苦和災難，是菩提心。要用我們這個生命，盡快地做，若是不做，什麼時候會死？不知道。

佛經說，在人間修行，要比到佛國淨土修行的力量更大、更快，因為在人間，有身體也有障礙，而在有身體、有障礙的狀況下修行，得到的力量比較強，到了佛國淨土以後，因為沒有現在這樣的肉身，也沒有障礙，修行就會比較慢。

我們的煩惱愈輕，死了以後，進入佛國淨土的蓮花就愈大、品位就愈高。

關於生死，可以有兩種解釋：一種是肉體的死亡叫作「死」，肉體的生存叫作「生」。對於一般人而言，只有這種想法的人，生死心不容易提起來。

另外一種是心念的念念生滅，前念與後念之間就是兩世；前一念是前一世，後一念是後一世，當下這一念是這一世。我們現在當下的每一個念頭，隨時隨地就成為過去，這是「滅」；接著第二念又產生了，這是「生」。生和滅不斷地連續變化，使我們可以從煩惱的凡夫成為解脫的聖人，也可以使我們永遠停留在煩惱的凡夫階段，不斷地有許許多多的煩惱來困擾我們。

第二，要相信有開悟這樣的事。開悟以後，對生死的恐懼、對生死的無奈、對生死的種種相關問題，都不會掛念在心上。因為開了悟，體驗到不生不滅，所以再也不會認為死亡是可怕的事，而活下去是非常好的事。

開悟以後，生，不是可喜的事；死，不是可怕的事。但是，生可以修福、修慧，增長福德和智慧，是一種修行的工具，而死亡只是告一個段落，並不是死亡以後，就進入了悲慘的世界。所以，悟後的人，對生死不會掛在心上。

第三，開悟一定是從參禪修行而得，不是僅僅討論、講解、分析、認知便能夠得解脫。大慧宗杲在中國禪宗史上非常有名，也非常重要，原因是他特別重視參禪，常常鼓勵人參「什麼是無？」，而他曾經在禪修期間，一個晚上使得禪堂裡十三個人開悟。這在禪宗史上，還沒有其他人能夠打破這項紀錄。

對於心念不斷地變化，我們在打坐時就能夠體會到。心念的生滅對我們而言，是一種麻煩，而不是一種享受；反之，只要打坐讓心安定以後，便沒有這種麻煩了。讓心安定、輕安的原因，就是因為生滅心稍微安定了一下、稍微少了一點。

修行要趁早，在沒有死以前趕快修行。大家若是有辦法把「生死」兩個字貼在鼻尖上，那當然非常好，如果沒辦法，那就用話頭來斬除妄念。請經常保持「明、靜、放」❸，不斷地「觀、照、提」，這六字真言，請大家好好地遵守。

四、第四箇樣子——離文字、語言、分別相

怕怖生死底疑根拔不盡，百劫千生流浪，隨業受報，頭出頭沒無休息時。苟能猛著精彩，一拔淨盡，便能不離眾生心，而見佛心。若夙有願力，遇真正善知識，善巧方便誘誨，則有甚難處。不見古德有言：「江湖無礙人之心，佛祖無謾人之意。」只為時人過不得，不得道江湖不礙人。佛祖言教雖不謾人，只為學此道者錯認方便，於一

言一句中，求玄、求妙、求得、求失，因而透不得，不得道佛祖不謾人。如患盲之人，不見日月光，是盲者過，非日月咎。此是學此道，離文字相、離分別相、離語言相底第四箇樣子。妙明居士思之。

如果你對於害怕、恐懼生死的懷疑，沒有辦法連根拔起的話，將會百劫千生、無盡無期地在生死之中流浪。

如何流浪呢？就是隨著造業而受報，受報的同時又造業，因此一生又一生地出生之後死亡，死亡之後又出生，好像是在水裡漂流，一下子沉下去，一下子又浮起來，永遠沒有休止的時候。如果你能夠勇猛精進地努力修行，把生死的根，毫無懷疑地一拔就拔出來，只要拔掉生死的根以後，便能夠不離眾生的心，而且見到佛性。

假如你過去已經發過大願，有這樣的願力，就能遇到真正的善知識，善知識會非常巧妙地來引導和教誨你，修行便沒有任何困難了。

曾經有古代的善知識這樣說：「禪門之中沒有妨礙人的心，佛以及歷代的祖師沒有欺騙人的意思。」原句中的「江湖」是指禪門，「謾」是欺騙。不過，現在的人因為自己跟自己過不去，所以不得不說在禪門裡被擋住了、被阻礙了。佛和祖師們所講的開示，雖然沒有欺騙人，可是因為學習禪法的人，認錯了方法和方向，所以在開示的一言一句之中求玄、求妙、求得、求失，因此沒有辦法透過修行而開悟，也沒有辦法不說佛和祖師們是騙人的。

好像自己是個盲人，從未見過太陽和月亮的光，這其實是自己眼睛瞎了的緣故，不是因為太陽和月亮有什麼過失，不應該怪罪太陽和月亮。學習禪法的人應該知道，必須離開文字相、分別相、語言相，才能真正悟道。以上是禪門的第四個樣子。

這段文字雖然少，但是內容相當精彩，可以歸納為三個重點：

第一，修行的人必須把全部身心投入精進修行，才能夠把生死的根本拔除，見到本來面目，也就是用自己整個身心、生命，投入話頭。參話頭不能三心二意地參，不能猶豫不決地參，而是要以絕對的信心來參這句話頭，用自己全部的生命來參這句話頭，所有的雜念、妄想、思想、執著全部不管它。

雖然說不管雜念、不管執著，但它還是跟著你，怎麼放就是放不下，那乾脆不管它，既然放不下，就把它一起帶著來參話頭。好比你要來修行，結果你的孩子、太太、朋友都來干擾你，那你乾脆把他們全部帶到道場或禪堂裡來，跟你一起修行。同樣地，我們在參話頭的時候，如果你的心裡有許多累贅在干擾，那你就把它帶進話頭裡來吧，若是想要等到沒有雜念以後再來參話頭，那是絕對不可能的。

通常完全沒有雜念以後，話頭根本提不起來，因為太安靜了，不容易提起來。如果你的心是安定的，但還是有一些妄念，這個時候要用「觀、照、提」這三個步驟，不斷地、不斷地回到話頭上來，漸漸地你會進入話頭，妄念會愈來愈少。如果真的進入了話頭，你的執著、妄想、煩惱、分別心都不見了，只見到話頭。

如果能夠做到這樣，你會很容易地發現，我們是以現在的凡夫心——眾生心來見佛心，也就是能夠不離開眾生心而見到佛心。見到佛心之後，你雖然還是眾生心，不過已是見到佛心之後的眾生心，煩惱會少很多。所謂「見佛心」，是見到每個人的本性，即本來面目，而本來面目便是佛性。

許多人會誤解，以為當我們見到佛性的時候，我們就離開眾生心了，亦即從眾生心一下子變成佛心，從凡夫變成聖人了，並且認為這兩個階段是不同的心，一種是清淨心、一種是煩惱心，唯有去掉了煩惱心，才會有清淨心的出現。

事實上，這兩種心是同一個心，只是在凡夫的時候有煩惱，當煩惱心起，就把智慧心掩蓋起來了；若是煩惱漸漸消除和減少，智慧心也就會漸漸現前或顯現了。

天空的太陽好比是清淨心，煩惱心像天空的雲霧，清淨心從沒有變過，有雲霧的時候，我們會看到一些光明，但是看不到太陽，因為太陽被雲霧遮住了。所以當我們看不到智慧的時候，原因是我們的智慧被煩惱遮住，只要煩惱消除，智慧也就出現了。

這樣看起來，似乎智慧心跟煩惱心是兩回事，好像智慧心是不動的，煩惱心是可以變的，但是我們必須了解，佛法或禪法指出眾生心不離佛心、佛心不離眾生心，《六祖壇經》也說「煩惱即菩提」，煩惱就是菩提，菩提不離煩惱。這說明了心是同一個——有執著的時候，是眾生；沒有執著的時候，是解脫者、是開悟者。當我們執著時，是我們的心；當我們不執著時，也是我們的心，心的功能都是同樣的，差別在於有沒有執著在裡頭。因此，只要修行即能離開執著。

為什麼有自我中心執著，便不是無漏的智慧，不能夠解除煩惱？原因是有煩惱、有執著的心，是非常主觀的，沒有辦法超越主觀和客觀兩種立場來看事情；而沒有執著、沒有自我中心的時候，不僅能夠超越主觀，也能超越客觀。

一般人認為主觀是不好的，客觀就比較正確，事實上，只要有自我中心，不管是講客觀、講主觀，都不是正確的看法，因為還是會用自我中心來下判斷。所以，一個人的自我判斷，加上許多不同人共同的自我判斷，好像即是客觀，其實，一個人是凡夫，有自我中心，十個人還是凡夫，有著十個人的自我中心，雖然看起來是客觀，其實仍然是主觀，只要沒有超越客觀和主觀，這都不會是正確的。

一般人總是認為，多數人在一起討論出來的結果，便是客觀的，但是這好比一個盲人是盲人，十個盲人加起來還是盲人。因此，為什麼凡夫的知見叫作「顛倒見」？因為凡夫都有我執、都有自我中心，所以不管是十個人，或是一千、一萬個人，即便是全世界的人所想出來的想法，都還是有執著的顛倒見。

如果離開我執之後，即能夠超越主觀與客觀這兩種狀況，真正地看到真理、看到真實。只有通過禪的修行，離開煩惱、離開執著之後，才能真正出現真實的智慧，這個真實的智慧心，即是佛心。真實的智慧超越一般人所講的主觀與客觀，又稱作空觀或中觀。

第二，諸位都是有善根的人，是在過去已經有了願力的人，所以會遇到真正的善知識來告訴我們怎樣修行，怎樣見到自己的本來面目。這位善知識是誰呢？就是大慧宗杲。所以當我們聽了大慧宗杲的開示，便是見到了真正的善知識。

這一段開示中的「江湖」，是指中國大陸江西省和湖南省，因為禪宗最盛的時代，主要就是在這兩個區域發展。譬如江西有馬祖道一，湖南有石頭希遷。馬祖道一大振禪風，其下有臨濟、溈仰、黃龍等法流的演化；石頭希遷亦廣布法化，其下則有曹洞、雲門、法眼等派別的流布。因此，普遍以「江湖」來代表禪宗，而我則把「江湖」翻譯成「禪門」。

第三，禪修不要依賴文字、語言，也不要用頭腦去思考，更不要依據文字、語言去分析、理解之後，便認為自己已經懂得什麼叫作「佛心」、什麼叫作「見性」。

在修行的期間，不要跟別人講話，也不要與自己對話，你只是用方法。用方法的時候，不要思前想後，揣摩著是不是該用這個方法？或是想：「我問這個話頭，真的能夠使我開悟嗎？」「開悟究竟是什麼？」自問自答這些疑惑的情況，都不應該有。

還有人從禪宗的語錄、公案裡，發現很多有趣的故事，而自己也希望模仿它，並且在模仿的時候，自以為跟語錄裡所看到的情形差不多；也有人在用功期間，會出現一些幻相、幻聽，或是在頭腦裡出現一些奇怪的想法，於是認為那些現象大概跟開悟相去不遠，其實，這些都不是正確的修行心態。

參話頭時，不但不能有求得的心，也不能有害怕失去的心。我們不要希望求得好境界或馬上開悟，更不要希望丟掉自己的執著心，因為你要丟掉執著心的想法本身，也是執著。你只管一心一意地參話頭，好好地用六字真言——「明、靜、放」和「觀、照、提」就可以了。

五、第五箇樣子——但向生死交加處看話頭

疑生不知來處，死不知去處底心未忘，則是生死交加。但向交加處，看箇話頭。僧問趙州和尚：「狗子還有佛性也無？」州云：「無。」但將這疑生不知來處，死不知去處底心，移來無字上，則交加之心不行矣。交加之心既不行，則疑生死來去底心將絕矣。但向欲絕未絕處，與之廝崖，時節因緣到來，驀然噴地一下，便了教中所謂絕心生死、止心不善、伐心稠林、浣心垢濁者也。然心何有垢？心何有濁？謂分別善惡雜毒所鍾，亦謂之不善，亦謂之垢濁，亦謂之稠林。若真實得噴地一下，只此稠林，即是栴檀香林，只此垢濁，即是清淨解脫無作妙體，此體本來無染非使然也。分別不生，虛明自照，便是這些道理。此是宗師令學者捨邪歸正底第五箇樣子。妙明居士但

只依此參，久久自築著磕著也。

我們需要有一個疑問：「生，不知從哪裡來？死，不知到哪兒去？」這種疑惑的心不能忘掉，才會感覺生與死是個非常重要的關卡，但是我們只要向生死的關卡上，用一句話頭就行了。

曾經有一個和尚問趙州禪師：「狗有沒有佛性？」趙州說：「無。」所以只要把疑情——疑生死的這種心，移到、參到「無」字上面去，那麼在你心中的生死關卡，就不是問題了；既然生死交雜的心不再是問題，「生不知來處，死不知去處」的這種念頭，便漸漸不會再生起。但還是要用「無」字話頭磨這個未斷的疑問，一直磨下去，到了因緣成熟的時候，突然間一聲爆炸，便是經教中所說的：生死心斷絕了，不善的心止住了，許許多多的、密密麻麻的煩惱心征服了，染汙的心也洗乾淨了。

可是，心又有什麼不乾淨的呢？有什麼染汙的呢？心染汙或是有塵垢，都是由於分別善惡的心念所構成，因此分別善惡的心念，好像是許多不同的毒藥，成為所謂的不善、塵垢、不清淨，以及煩惱多得像非常茂密的森林一樣。

如果你能夠真正噴地爆炸，這些密密麻麻的煩惱森林，即成為檀香的香林——檀香是香木，也叫作栴檀香，是所有香木裡最好的香材，既然煩惱林成為檀香林，塵垢的不清淨，也就成為清淨解脫的無作妙體了。

「無作妙體」是解脫門所見的清淨法身，這清淨法身的妙體，本來沒有什麼染汙，也沒有人能夠染汙它，只要沒有分別心生起的話，便能像虛空中的光明，自然而然有照的功能，而這就是開悟的道理。這是禪宗的善知識們，使學者捨邪歸正的第五個樣子。

這段點出了三個主題：第一是生死的問題，第二是用什麼方法，第三是生死和涅槃、煩惱和菩提，本來都是同一個東西。

首先談生死的問題。我常常會遇到一些人，當自己心愛的人或是感情非常好的親人過世時，就會來問我：「他們過世以後到哪兒去了？能不能請他們回來告訴我，他們在那裡過得好不好？」

我告訴他們，若是根據一神教的說法，相信死後會有兩種結果：一種是因為信神，所以被接回到神的身邊去了，你將來去神那裡的時候，就可能會見到；另外一種可能，是因為不信神，或是信心不夠，死了以後，等待末日來臨時，受審判而到地獄裡去，如果你想見他們的話，等你死了以後，也可以準備到地獄裡去見他們。

其實到了天上，要不要再見親人已經不是問題了，因為那裡所有的人，看起來都一樣；而當你到地獄裡的時候，也見不到親人，因為大家都在受苦。好比在監牢中，牢裡的人根本沒有辦法到別的監牢裡去，即使在人間，女監和男監也是分開的。

如果依據佛法，人死以後的可能性很多：一是被接引到佛國淨土，另外則是生天，還有可能是投胎到其他的眾生道，或是又轉生為人了。不管是哪一種可能性，他們去了以後，再回來讓親人看到的機率是很低的。但是許多人總是希望自己的愛人、親人能夠在走了以後，捎一點訊息回來，好像人到了外太空以後，再利用衛星通訊，讓活著的人知道他們究竟在那裡做什麼。

可是根據佛法來說，如果希望親人、愛人能夠跟自己見面，最好是自己先得解脫，自己得解脫以後，便不受業力的支配，不受佛國、天國、凡夫、聖人這種區隔的限制，要到哪兒就到哪兒，什麼地方都可以去，什麼地方也都留不住，這是真正的解脫自在。

如果是這樣的話，不要說是這一生的親人，其實過去無量生以來的眷屬親人，看一看，到處都是。

那麼，我們有沒有問過：「出生以前，我從哪裡來？死了以後，會到哪裡去？」多數的人都會想到這個問題。我曾經看過一個只有五歲的小孩問媽媽：「我從哪裡來的？」媽媽說：「你從我的肚子裡來的。」可能這個小孩子不會再接著問：「那又是怎麼到你肚子裡去的呢？」有的人就像孔夫子所說：「未知生，焉知死？」不管生前死後，現在活得好就行了。許多唯物主義者也有一樣的想法。

但是有宗教信仰的人，都會考慮到生與死的問題，如果對自己的「生，不知從哪裡來？死，不知到哪兒去？」出現疑情的話，對於修行是非常有幫助的。假如有人問：「我的親人死了以後，到哪裡去了？」你們的回答是什麼？若是依據宗教信仰，很簡單便可以回答了，但自己是不是相信？

根據佛教的信仰，人在沒有出生以前，是有前一生的，但是前一生究竟是什麼？不曉得。而這一生死了以後，也是有未來生的。這是從佛教基本理論——十二因緣而產生的，十二因緣也就是生與死之間不斷地連續。因此，做為一個佛教的信仰者，一定會相信有過去、有未來。

但是，沒有解脫的人，不知道過去是什麼、未來是什麼？如果有宿命通，就可以看到過去是什麼；有天眼通，則可以看到未來會到哪裡去。不過凡夫的神通，能夠看到的非常有限，看過去有限，看未來也有限，所以還是不清楚生死的源頭是怎麼回事，它的結果又會是什麼，而這便成了一個大疑問，也就是生死關頭的大疑問。這個大疑問，能夠促成我們用話頭來破這個疑團，而得解脫、而得開悟，這樣生死就不再是問題了。

有一個故事說，一對非常恩愛的夫妻，不但希望這一生做夫妻，還希望永遠都做夫妻，結果太太突然害病死了，先生非常想念她，就去請教一個有神通的和尚。和尚用神通觀察了以後，告訴這位先生：「你的太太現在已經另外有了配偶。」

先生說：「絕對不可能！怎麼可能呢？你不要侮辱她，她究竟在哪裡？」和尚便帶他到一堆牛糞的旁邊，指著牛糞上的兩條蟲說：「這其中有一條是你的太太。」先生說：「不可能，你亂講，我的太太怎麼可能變成蟲呢？」和尚說：「這樣好了，我把你變成同樣的蟲，你就可以親自問她了。」先生同意了，於是和尚把他變成一條蟲，也送到牛糞裡邊去。

當先生看到太太後，太太告訴他：「我現在的先生非常愛我，請你不要再來打擾我了。」先生好生氣地說：「你才死了沒多久，怎麼就改嫁了呢？」他不死心，寧可變成蟲，也要追回她，結果新婚的兩條蟲合起來對付他，他沒有辦法，只好求和尚救命，和尚又把他變回了人。從此以後，他再也不想念他的太太了。這個故事是不是真的，不用管它，但卻是滿有意思的。

第二是用方法。我們若真正想要了解生死的問題，最好是先開悟。怎麼開悟呢？最好的方法，就是用話頭。此處宗杲教的是「無」字話頭。

「無」字公案是從大慧宗杲開始提倡的。唐朝有一位趙州禪師，一天，一個和尚問他：「狗子有沒有佛性？」趙州說：「無。」這個回答與佛法是相違背的，佛法指出「一切眾生都有佛性」，但是為什麼趙州說狗沒有佛性呢？其實這是要讓人問：趙州講的這個「無」，是指什麼？佛性就是「無」嗎？

當時問這個問題的和尚，聽到答案的時候，好像是胸口或頭上被重重地打了一下，而被打了以後，頭腦裡已經沒有迴旋的餘地，也沒有想像的空間，所以一切的生死問題，一下子就解決了。

話頭要怎麼個用法？老是貼在鼻尖上有什麼用？在提到「第三個樣子」時告訴我們，要將「生死」兩個字貼在鼻尖上，趕快用話頭來逼住這兩個字，不要再想「生前是怎麼樣，死後會怎麼樣」，不准它有迴轉的餘地，就只是用話頭。這是指，用「無」字來攻擊這種生死的妄想和妄念，到最後生死問題便會成為開悟的契機；亦即本來是生死問題，但是用「無」字去逼那個生死問題，就變成了開悟的契機。

第三，開悟以後，生死根本不是問題，生和死都是自在的、自由的。只要見性、開悟，就會發現清淨心和煩惱心是同樣的東西，只是它的功能與作用不一樣——原來是讓我們痛苦的、困擾的心，但是悟後的心，對自己是自在的，對眾生是慈悲的。心是同一個，但是悟前悟後的功能不一樣，這只有自己知道，其他的人沒有辦法知道。

譬如，馬祖是四川人，小時候是做畚箕的，他在湖南悟道以後，準備回去度家鄉的人。結果回去以後，許多人都在流傳：「有一個悟道的人來了。」他的鄰居、親戚全都跑來看，但是看了之後很失望地說：「什麼悟道的人，就是那個做畚箕的嘛！」

你們悟道以後，可能其他的人也會對你失望，怎麼悟道的人是這個樣子！那你們還要不要開悟？其實，開悟是自己的事啊！

六、第六箇樣子——道無不在，觸處皆真

道無不在，觸處皆真，非離真而立處，立處即真。教中所謂治生產業皆順正理，與實相不相違背。是故龐居士有言：「日用事無別，唯

吾自偶諧。頭頭非取捨，處處勿張乖。朱紫誰為號，丘山絕點埃。神通并妙用，運水及搬柴。」然便恁麼認著，不求妙悟，又落在無事甲裡。不見魏府老華嚴有言：「佛法在爾日用處，行住坐臥處，喫粥喫飯處，語言相問處。所作所為舉心動念，又卻不是也。」又真淨和尚有言：「不擬心，一一明妙，一一天真，一一如蓮華不著水。迷自心故作眾生，悟自心故成佛。」然眾生本佛，佛本眾生，由迷悟故有彼此也。又釋迦老子有言：「是法住法位，世間相常住。」又云：「是法非思量分別之所能解。」此亦是不許擬心之異名耳。苟於應緣處，不安排不造作，不擬心思量分別計較，自然蕩蕩無欲無依，不住有為不墮無為，不作世間及出世間想。這箇是日用四威儀中，不昧本來面目底第六箇樣子也。

道無處不在，我們在平常生活中所接觸到的，沒有一樣不是真正的道，並不是離開了真正的道之後，還有什麼東西。經教中說，謀生的各種行業，都是順乎正當的、正確的、理體的，跟實相不相違背。「實相」，一般人稱為「真理」，在這裡是指無相，而無相就是一切相。

唐朝有一位龐居士說：「我們平常生活裡所有的事，無非是我跟自己相遇和相處，沒有什麼其他的事物，因此任何一樁事、一種現象，都不需要有什麼取捨，而且任何一個地方，都跟自己不相違背。至於說紫的或紅的顏色，這是人們給它取的稱號、為它標設的，它本身是不分什麼紫的或紅的；無論低的丘或是高的山，也根本沒有一點塵土，有塵土的原因，是我們自己的認為，丘就是丘、山就是山，若是你要說山上、丘上有些什麼東西，那都是人們的分別心，山丘本身是沒有分別的。所有一切的神通和種種殊勝的功能，以及平常生活中的挑水、搬柴，這些全部都是道。」

可是，如果僅僅是這麼認為，而不想求得真正的開悟，那便成了躲在無事的甲殼裡，好像烏龜把頭、腳、尾巴全部收起來，躲在龜殼中，就以為天下沒有事了一樣。雖然說平常生活中的一切現象，全部都是道，可是因為沒有開悟，所以跟道是不相應的。

有一位叫作老華嚴的人說：「佛法在你的日常生活之中，譬如行、住、坐、臥及吃飯時，還有在跟人家說話、問候的狀況下皆是，可是所作所為、舉心動念，就又不是道了。」

又有真淨和尚❹說：「如果你的心沒有計較、執著和分別，那麼任何一樣事物，都是明的、是妙的，你所見到的任何一樣東西，都是智慧的顯現；一樣一樣全部都是天然的實相——就是自然、就是實相、就是法身；每一樣東西好像蓮花從水裡伸展出來，而蓮花本身並沒有沾染水珠，非常地清淨、乾淨。在日常生活中見到任何一樣事情、任何一樣東西，都跟道相同，但是如果你的心迷的時候，你就是眾生；如果你的心悟的時候，你便成佛了。」

所以，我們用悟的心來看，處處是道；用迷的心來看，沒有一樣是道。

然而，眾生的根本是佛，佛的根本是眾生，兩者之所以不同的原因，在於眾生是在迷之中——迷，是執著的原因；佛是悟了的人——悟，是放下了所有自我中心的執著。

釋迦牟尼佛在《法華經》裡說：「是法住法位，世間相常住。」任何一個現象都有它的位置、範圍與特性，毫不混亂，世間相就是這個樣子，亦即在日常生活中，我們看到的所有一切現象都是法，而法之中有全體的法與差別的法，但是差別的法並沒有離開全體的法；每一法各有各的範圍和特性，而一切法也都有其共同性，在統一的和諧中，不失個別的差異現象，即是法住法位。

可是在不同的時間、不同的場合，每一法都是在變化的，所以不是實法。《法華經》又提到，像這樣的法，不是用思量、用分別所能夠理解的。當然也不是用思想、理論所能理解的，而是要親自悟了以後，你才能真正發現。所以希望了解「道」，希望開悟，不能用揣摩心、計較心、分別思量心來達成目的。

「道」就是我們的本來面目。如何能見「道」呢？大慧宗杲說，假如你的緣成熟了，自然而然你就會開悟。然而，緣要怎麼成熟呢？要參話頭。你只要參話頭，投入疑情、疑團之中，不要想其他的人、事、物，不要用思考，就只是參話頭。一旦你話頭參成熟了，當你遇到某個現象或是某個狀況，自然而然便會開悟。

要知道，開悟這樣的事，不是可以預先安排、創造或製造的，只要你能夠不去計較、思量、揣摩，胸中坦蕩蕩的，沒有想要追求什麼，也沒有想要倚靠什麼，既不住於有為的世間現象，也不墮於無為的出世間法則，更不做世間相或出世間相的種種思量，就能在日用之中，在平常行、住、坐、臥的四威儀中，不迷失了我們的本來面目。

這一段開示舉出了幾個重點：第一、「道」是我們希望見到的佛性，也是我們的本來面目。而「道」究竟在哪裡？它在我們平常生活之中，任何一處、任何一物都是；第二、如果不用功參話頭修行，便認為全都是「道」的話，這是自欺欺人，等於是烏龜躲在龜殼裡，還以為天下沒有事。所以，雖然道無不在，但是仍然必須透過不斷地精進用功，才能見道；第三、如何見「道」？要參話頭。但是絕對不能夠用揣摩心、計較心去思考、解釋，或做邏輯的推敲；第四、不要等待、不要安排，只要用功地參話頭，因緣成熟的時候，自然就會開悟。

如果僅僅從這一段開示的字面上來看，可能會有誤會的地方：認為頭頭是「道」、處處是「道」，沒有一個地方不是「道」，但是這就變成了泛神論。

既然任何東西都是道的本身，所以有些人認為自己已經開悟了，當我問他們見到了什麼？有人拍一拍桌子，說：「這就是！」或是正坐在地板上的人，便把地板拍得很響，說：「這就是！」但這是泛神論，誤解了「無一樣不是道」的意思。

不能因為這一段文字說「法不是思量、分別所能夠理解的」，於是認為桌子就是、地板就是，但那已經是在分別與思量之中。我們應該要理解法住法位，而每一法都不是實法，這才真正是法的實相。

法住法位是指每一法都有它的範圍和特性，但卻經常是在變化的、是無常的；每一法都同樣在變化，此即一切法的共同性，是真實法，也是無相法——沒有一定的法相，因為法相經常是在不斷地變動，其範圍和特性都在變動，所以，實相就是無相，但無相並不是沒有相，而是沒有不變的相。

「即一切法，不即一切法」，是指一切的現象，並不等於其中任何單一現象；而「實相即一切相，不即一切相」，實相是一切現象，但是並不等於一切現象。因此，拍一拍桌子說「這個就是實相」，對嗎？打一打地板說「這個就是實相」，對嗎？其實，能見到的都是虛妄相，不是實相。所以對這一段開示若不清楚了解的話，很容易產生誤會，變成了泛神論。

二十五年前，我在臺灣主持禪七時，有一位男居士禪坐到了第五天之後，開始每天要求我打他香板。我問他：「為什麼要我打你？」他說：「因為我現在已經準備好了，你一打，我就可以開悟了。」我又問：「你準備好了什麼？」他回答：「準備開悟啊！我已經修行四天了，覺得心非常安定，離開悟大概只剩一點點了，所以你打我一下，我就會開悟啦！這便是當頭棒喝。」

因為那位居士看了很多禪宗的公案，其中有很多常常是描述被老師一罵就開了悟，或是被老師一打就開了悟。大慧宗杲已經說明了，開悟不是經過安排的，也不是造作的，你只要用話頭好好地努力用功，因緣成熟的時候，它自然會發生。

七、第七箇樣子——省力處便是得力處

本為生死事大，無常迅速，己事未明故，參禮宗師，求解生死之

縛，卻被邪師輩添繩添索，舊縛未解而新縛又加。卻不理會生死之縛，只一味理會閑言長語，喚作宗旨，是甚熱大不緊。教中所謂邪師過謬，非眾生咎。要得不被生死縛，但常教方寸虛豁豁地。只以不知生來不知死去底心，時時向應緣處提撕。提撕得熟，久久自然蕩蕩地也。覺得日用處省力時，便是學此道得力處也。得力處省無限力，省力處卻得無限力。這些道理，說與人不得，呈似人不得。省力與得力處，如人飲水冷煖自知。妙喜一生只以省力處指示人，不教人做謎子摶量，亦只如此修行，此外別無造妖捏怪。我得力處他人不知，我省力處他人亦不知。生死心絕他人亦不知，生死心未忘他人亦不知。只將這箇法門，布施一切人，別無玄妙奇特可以傳授。妙明居士決欲如妙喜修行，但依此說，亦不必向外別求道理。真龍行處雲自相隨，況神通光明本來自有。不見德山和尚有言：「汝但無事於心，無心於事，則虛而靈、空而妙。若毛端許言之本末者，皆為自欺。」這箇是學此道要徑底第七箇樣子也。

參禪的人或修行的人，本來就是要解決生死的大事，由於我們的生命隨時都可能出現無常，而自己最重要的事還沒有明白，所以到處去參訪、禮拜一些大師，求得解開生死的束縛。

但很可惜的是，有很多人被一些邪師們添繩添索，原來的束縛還沒有解開，又被加上了新的束縛。這些人不理會什麼是生死的束縛，卻只是去理會閒言長語，把這些閒談的話當成是禪宗的宗旨，認為是非常熱切的、不得了的要緊事。所以從佛教的觀點來看，這是邪師的過失和錯誤，而不是眾生不對。

如果希望能夠不被生死綁住，只有經常使自己的心空曠，不管任何人講了多少好聽的話，什麼都不要放在心上，而這便點出了為什麼要不立文字。只要用你自己疑惑「不知生來，也不知死去」的那一個心，時時向著應緣處去提，也就是時時用你自己的話頭，將這疑情提起來。

「應緣處」是我們稱為「本參」的話頭，也就是你自己專用的、經常用的、不斷用的那個話頭。時時將這個話頭提起來，只要提得熟練，時間久了以後，自然而然，你的心中會空蕩蕩地一絲不掛，什麼也不執著了。

只要嘗試用話頭，你會覺得這是平常生活之中可以用得上的，而且是非常省力的方法；當你覺得這是很省力、很用得著的一樁事，並且能在禪法上得到一點力量的時候，即是省力和得力。這是大慧宗杲禪法的特色。

所謂「省力」，是指你不必挖空心思去思索、去研究，而是很簡單地，只要放下所有的一切，專門用話頭就好了。根本不需要費什麼力，也不需要有多少學問，而且你隨時都可以提，任何人都可以提，這是多麼好的一種方法，所以是省力。因此，宗杲稱用話頭為用省力的方法，因為這不但是最省力的，而且也是最容易得力的，所以說「得力處省無限力，省力處卻得無限力」。

這些道理要說得讓別人懂很不容易，要把它具體呈現給別人也是沒辦法的，省力和得力之處的體驗，如同喝水，只有喝的人知道那是冷水或是熱水。

大慧宗杲又說：「我妙喜在一生之中，只以省力處來指示給人，並不教人做謎語來揣摩或度量，而我也只是如此修行而已，除此以外，並沒有造什麼妖、捏什麼怪來賣弄。我妙喜的得力處，其他人是不知道的；我妙喜的省力處，其他人也是不知道的。生死心是否斷絕，其他人是不知道的；生死心是否忘掉，其他人也是不知道的。我只是把這個法門布施給所有的人，並沒有其他什麼玄妙的、奇特的東西可以傳授給別人。妙明居士如果確定要像我這樣來修行，那麼你只要依照我以上所說的去做，不必向心外再求些什麼道理了。」

宗杲接著比喻：真龍的所行之處，雲會自然地跟隨著，何況神通光明更是本來就有的。意思是你自己就是真龍，而所謂「神通」，這裡是指智慧的功能，也就是你的智慧和光明本來就有，好比龍到任何地方時，雲會跟隨著一樣。

德山和尚曾經有過這樣幾句話：「你只要心中無事，也不要有心於事，就會虛而靈、空而妙；即使像毫毛尖端的一點點語言，都是不應該有的，如果有的話，那就是自欺欺人。」這是學習禪法的門徑與門路。

這一段開示講了幾個要點：第一、修行人是以解脫生死之謎、生死之縛為目的，可是往往被一些老師們，用語言文字來說長論短，本來是想求解脫，結果反而更加多了一層對那些語言文字的執著，成為自己生死的又一層束縛，亦即在原來的生死束縛之上，加上了更多的束縛。

很可能在大慧宗杲的時代，有一些自以為是的禪師，靠著講解禪宗的語錄，認為這樣就能夠讓人得解脫，因此宗杲認為那些是邪師。

第二、不要理會那些語言文字的道理，只要把心敞開，專門提起一句話頭。在提話頭之前，也許你的心中還有一些東西，提話頭之後，心中只有話頭，其他的什麼也沒有。這時候，愈提你愈覺得省力，當愈覺得省力的時候，這便是得力的時候。

第三、大慧宗杲一輩子教人修行，就是勉勵修行人用這麼省力的方法，而這省力的方法非常簡單，即是提起一句話頭。這是他自己的經驗，因為他用的是省力的方法，所以他得力了。但是，他是怎麼省力？怎麼得力？這些道理沒有辦法告訴他人，也沒有辦法呈現出來讓他人知道，只能告訴人們，用了這個方法以後，便會知道很省力，又因為省力，所以得力。

第四、在佛經及中國文化傳說中的龍，平常是在水裡，如果要到某處施雨，就飛上天空到那個地方，那裡就會下雨，因為雨是跟著雲走，而雲又是跟著龍跑的。這個比喻是說，只要你修行話頭禪法，心中只有一句話頭，其他什麼也沒有，自然而然會有智慧的光明顯現出來，好比雲跟著龍，而智慧的光明，也會自然而然地跟著你修行話頭而顯發出來。

宗杲接著又舉出德山和尚的開示：心中不要有事，而事情也不從心中產生出來，你的心裡就能夠虛而靈。虛是沒有，靈是有功能，即是沒有任何東西在心中，但是有非常大的智慧功能與作用。然而，如果還有一點點什麼放在心中的話，可以說那都是在自欺欺人。

我在這裡要指出一點，佛法沒有要我們去追求或得到什麼東西，並且教我們不要依賴什麼東西。心外沒有可以讓我們依賴的、執著的，心內也沒有可以讓我們堅持的、保留的或珍惜的。如果到了這種程度，你才是真正的悟境現前，也唯有到了這種程度，才是無漏的智慧。

「無漏」是指不摻雜任何的自我在裡頭，而純粹是一種功能，這種功能應眾生而有，不因自己而有。對自己來說，智慧的功能是斷除煩惱，了脫種種的束縛；對他人、對眾生來說，是隨機施教、隨機應化，什麼樣的眾生，需要什麼樣的幫助，都可以因材施教、有教無類。

因為自己不需要設有什麼樣的立場，也不需要堅持什麼樣的立場，只是以眾生的立場為立場：任何一個眾生都有自己的立場，因此依眾生的立場及當時的狀況和需求，給予適當的幫助，這即是度眾生。若是自己預設了立場，一定要所有的眾生一下子全都變成跟自己一樣，那就不是有智慧的人了。

基於這樣的原因，站在我們的立場來看所有的宗教，會認為他們有其存在的原因和價值，而不會覺得所有宗教的人全都消滅了，只剩下佛教的時候，眾生才能得度。

註釋

❶「宗乘」意為各宗所弘揚的宗義和教典，此處指禪宗。

❷原載於《大慧普覺禪師語錄》卷二十三，《大正藏》第四十七冊，九一〇—九一一頁。

❸「明」：心要明白、清楚（保持清楚、明朗，不糊塗、昏沉）；「靜」：心寧靜、安寧、不浮動；「放」：放下所有妄想、雜念（放鬆、放下、不管妄念），專心用方法。

❹宋代真淨克文（一〇二五—一一〇二），又稱雲菴真淨禪師、真淨大師。著有《雲菴克文禪師語錄》（又作《雲菴真淨禪師語錄》、《真淨大師語錄》）凡六卷。

國家圖書館出版品預行編目資料

聖嚴法師教話頭禪 / 聖嚴法師著. -- 二版. --
臺北市：法鼓文化，2024.03
面； 公分
ISBN 978-626-7345-20-7（平裝）

1. CST: 禪宗 2. CST: 佛教說法 3. CST: 佛教修持

226.65 112022071

聖嚴書院 4

聖嚴法師教話頭禪

Master Sheng Yen on Huatou Practice

著者 聖嚴法師
出版 法鼓文化
總審訂 釋果毅
總監 釋果賢
總編輯 陳重光
編輯 詹忠謀、李書儀
封面設計 舞陽美術文化事業有限公司．吳家俊
內頁美編 小工
地址 臺北市北投區公館路一八六號五樓
電話 (02)2893-4646
傳真 (02)2896-0731
網址 http://www.ddc.com.tw
E-mail market@ddc.com.tw
讀者服務專線 (02)2896-1600
初版一刷 二〇〇四年一月
二版一刷 二〇二四年三月
建議售價 新臺幣三五〇元
郵撥帳號 50013371
戶名 財團法人法鼓山文教基金會—法鼓文化
北美經銷處 紐約東初禪寺
Chan Meditation Center (New York, USA)
Tel: (718) 592-6593 E-mail: chancenter@gmail.com

法鼓文化